구셰쥬강싱일쳔팔빅구십오년

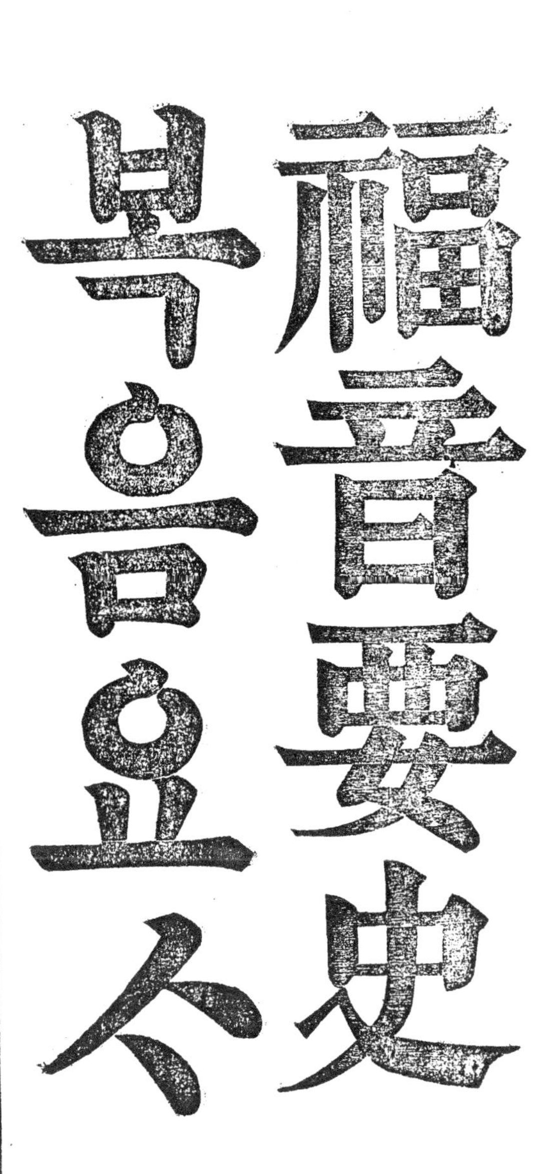

福音要史
복음요ᄉᆞ

대조션기국오빅ᄉᆞ년을미

복福음音요要ᄉᆞ史

뎨일장

하ᄂᆞ님이우리보지못ᄒᆞᄂᆞᆫ텬당에계시것마ᄂᆞᆫ이셰상에
사ᄂᆞᆫ우리ᄅᆞᆯᄂᆞ려다보시ᄂᆞ니타하ᄂᆞ님은모든일을아시
ᄂᆞᆫ고로우리ᄒᆞᄂᆞᆫ일을보시고우리ᄒᆞᄂᆞᆫ말을드ᄅᆞ시고ᄯᅩ
우리ᄉᆡᆼ각ᄒᆞᄂᆞᆫ것도아시ᄂᆞ니라하ᄂᆞ님이셰상과텬당과
ᄯᅩ그안에잇ᄂᆞᆫ만물을내시니라희ᄅᆞᆯ내샤낫에ᄇᆞᆰ게ᄒᆞ시
고ᄃᆞᆯ과별을내샤밤에ᄇᆞᆰ게ᄒᆞ시며즘승과새와물고기와
나무와풀과ᄭᅩᆺ슬내시고그후처음사ᄅᆞᆷ을내시니처음사
나희의일홈은아담이라지으시고처음녀인의일홈은이
와라지으시니라하ᄂᆞ님이이두사ᄅᆞᆷ을내실셰에이셰상
에다른사ᄅᆞᆷ은업고다만이두사ᄅᆞᆷᄲᅮᆫ이라하ᄂᆞ님이이두

사ᄅᆞᆷ을위ᄒᆞ야ᄒᆞᆫ동산을ᄆᆡᆫ드시매ᄭᅩᆺ시픠고됴ᄒᆞᆫ동산이
니셰상에잇ᄂᆞᆫ다른동산보다더됴ᄒᆞᆫ곳시라그동산일홈
은이던이니ᄭᅩᆺ시필ᄲᅮᆫ아니요먹기됴ᄒᆞᆫ각ᄉᆡᆨ실과나무들
이그동산에잇더라하ᄂᆞ님이아담과이와ᄃᆞ려닐너ᄀᆞᆯᄋᆞ
샤ᄃᆡ여러실과ᄅᆞᆯ다먹으ᄃᆡᄒᆞᆫ실과ᄂᆞᆫ먹지마라만일먹으
면죽으리라ᄒᆞ시니그ᄒᆞᆫ실과ᄅᆞᆯ아니먹어도먹을실과가
만ᄒᆞ니라ᄯᅩ하ᄂᆞ님이ᄀᆞᆯᄋᆞ샤ᄃᆡ그ᄒᆞᆫ실과일홈은선악과
ㅣ니착ᄒᆞ고악ᄒᆞᆷ을알게ᄒᆞᄂᆞᆫ실과ㅣ라ᄒᆞ시고ᄯᅩ그나무
가동산어ᄂᆞ곳에잇ᄂᆞᆫ거슬ᄀᆞᄅᆞ치샤두사ᄅᆞᆷ이니져브리
고실슈ᄒᆞ야그실과ᄅᆞᆯ먹을가ᄒᆞ시니라하ᄂᆞ님이텬당에
혼자계시지아니ᄒᆞ시고텬ᄉᆞ들과ᄒᆞᆫ가지계시니그텬ᄉᆞ
들은우리와ᄀᆞᆺ지아니ᄒᆞ야악ᄒᆞᆫ일을아니ᄒᆞᄂᆞᆫ고로ᄒᆞᆼ샹

복을밧고하ᄂᆞ님의명ᄒᆞ시ᄂᆞᆫ대로ᄒᆞᄂᆞ니라○우리가셩경을보니녯적에죄지은텬ᄉᆞ들이잇스니하ᄂᆞ님이주신거슬족ᄒᆞ게녁이지안코ᄯᅩ하ᄂᆞ님이분ᄋᆞ신대로아니ᄒᆞᆷ으로그텬ᄉᆞ들을내치샤텬당에잇지못ᄒᆞ게ᄒᆞ시니라텬당에내ᄶᅩᆺ긴텬ᄉᆞ들이신령ᄒᆞ야죽지아니ᄒᆞᄂᆞᆫ고로지금ᄭᆞ지잇ᄉᆞ나그텬ᄉᆞ들은텬당에하ᄂᆞ님과ᄀᆞᆺ치잇ᄂᆞᆫ착ᄒᆞᆫ텬ᄉᆞ들과ᄀᆞᆺ지아니ᄒᆞ고악ᄒᆞᆫ텬ᄉᆞ들이되니라그즁괴슈의일홈은사탄이니악ᄒᆞᆫ텬ᄉᆞ들의님금인고로그악ᄒᆞᆫ텬ᄉᆞ들이사탄의명대로ᄒᆞᄂᆞ니라악ᄒᆞᆫ이ᄂᆞᆫ텬당에가지못ᄒᆞ고사탄과악ᄒᆞᆫ텬ᄉᆞ들도다시텬당에가지못ᄒᆞᄂᆞ니심관ᄒᆞᄂᆞᆫ날에모든악ᄒᆞᆫ이들을형벌밧을곳으로보내시ᄂᆞ니라우리들이잘못ᄒᆞᄂᆞᆫ고로고로옴을당ᄒᆞᄂᆞᆫ거ᄉᆞᆫ형벌을밧ᄂᆞᆫ거시니라심판ᄒᆞᄂᆞᆫ날에사탄과악ᄒᆞᆫ텬ᄉᆞ들이죄셕문에형벌밧으러가ᄂᆞᆫ곳슨일홈이디옥이니사탄과악ᄒᆞᆫ텬ᄉᆞ들이영원이잇슬곳시라하ᄂᆞ님이아담과이와를됴흔동산에두엇슬ᄯᅢ에그사ᄅᆞᆷ들이착ᄒᆞ야하ᄂᆞ님의명령대로ᄒᆞᄂᆞᆫ고로그동산에깃거이잇더라사탄은악ᄒᆞ야복밧지못ᄒᆞᆫᄃᆡ사ᄅᆞᆷ마다저와ᄀᆞᆺ기를원ᄒᆞᄂᆞᆫ고로아담과이와가됴흔동산에깃거이잇ᄂᆞᆫ거슬보고됴하녁이지아니ᄒᆞ야싱각ᄒᆞᄃᆡ그두사ᄅᆞᆷ을ᄭᅬ여하ᄂᆞ님이먹지마라ᄒᆞ신실과를먹게ᄒᆞ야하ᄂᆞ님을거역ᄒᆞ게ᄒᆞ리라ᄒᆞ더라그ᄯᅢ이던동산에ᄒᆞᆫ비얌이잇더니사탄은령신이니형태가업서사ᄅᆞᆷ가지못ᄒᆞᄂᆞᆫ곳세능히가ᄂᆞᆫ지라비얌의게드러가셔이와의게갓가이와말ᄒᆞᄃᆡ하ᄂᆞ님이너ᄃᆞ려동산에

잇ᄂᆞᆫ나무마다실과ᄅᆞᆯ먹지마라ᄒᆞ시더냐이와가ᄃᆡ답ᄒᆞ
ᄃᆡ하ᄂᆞ님말ᄉᆞᆷ이모든다른나무실과ᄂᆞᆫ먹으ᄃᆡᄒᆞᆫ나무실
과ᄂᆞᆫ먹지마라만일먹으면죽으리라ᄒᆞ시더라사탄이골
으ᄃᆡ너ㅣ가그나무실과ᄅᆞᆯ먹을지라도죽지아니ᄒᆞ리라
하ᄂᆞ님이너ᄃᆞ려그나무실과먹지말나ᄒᆞ신거ᄉᆞᆫ네지혜
가만흘쌔념려ᄒᆞ심이니라ᄒᆞ더라누구던지우리ᄅᆞᆯ그른
일을ᄒᆞ라고유인ᄒᆞᆯ쌔에우리가맛당히듯지아니ᄒᆞ여야
죄에쌔짐이업스리라이와가사탄의말을듯고ᄯᅩ그나무
가아름답고실과가먹기됴흘뜻ᄒᆞᆷ을보고ᄯᅩ ᄇᆡ암의말이
지혜가잇스리라ᄒᆞᆷ을ᄉᆡᆼ각ᄒᆞ고그실과ᄅᆞᆯᄯᅡ셔먹고ᄯᅩ저
의남편아담을주니아담이ᄯᅩᄒᆞᆫ먹엇ᄂᆞ니라우리가하ᄂᆞ
님을거역ᄒᆞᄂᆞᆫ거시죄ᄅᆞᆯ짓ᄂᆞᆫ거시니그사ᄅᆞᆷ이하ᄂᆞ님을

거역ᄒᆞᆷ으로죄ᄅᆞᆯ지엇ᄂᆞ니라그런고로하ᄂᆞ님이그두사
ᄅᆞᆷ을이뎐동산에내여ᄶᅩᆺᄎᆞ샤그곳에셔살지못ᄒᆞ게ᄒᆞ시
니라착ᄒᆞᆫ텬ᄉᆞ들은하ᄂᆞ님과ᄒᆞᆫ가지로텬당에잇시니잇
ᄂᆞᆫ곳슨곳텬ᄉᆞ의집이라셩경에닐넛시ᄃᆡ하ᄂᆞ님이텬ᄉᆞ
들을셰샹에ᄂᆞ려보내샤혹착ᄒᆞᆫ사ᄅᆞᆷ은도으시고혹악ᄒᆞᆫ
사ᄅᆞᆷ은형벌ᄒᆞ시ᄂᆞ니라하ᄂᆞ님이아담과이와ᄅᆞᆯ동산에
내여ᄶᅩᆺᄎᆞᆯ쌔에착ᄒᆞᆫ텬ᄉᆞ들을ᄂᆞ려보내샤그두사ᄅᆞᆷ을다
시그곳에살지못ᄒᆞ게직희라ᄒᆞ시니아담과이와ᄅᆞᆯ동산
에내여ᄶᅩᆺᄎᆞ신거ᄉᆞᆫ형벌을ᄒᆞ신거시니라그두사ᄅᆞᆷ이동
산에살쌔ᄂᆞᆫ모든물건을쇼원대로두엇시니즘승과새가
ᄒᆞᆫ가지로잇셔새ᄂᆞᆫ노래ᄒᆞ고즘승은해ᄒᆞᆷ이업고ᄭᅩᆺ들은
보기에아름답고실과들은힘써자라게아니ᄒᆞ여도ᄉᆞᄉᆞ

로자라더니내여쏙긴후에그동산보다미우다른곳세잇
시니그곳손실과가스ᄉᆞ로자라지아니ᄒᆞᄂᆞᆫ지라그런고
로아담이일을부즈런히ᄒᆞ여야이와와ᄌᆞ긔먹을거슬엇
더라그두사ᄅᆞᆷ이죄를지음으로이것보다더괴악ᄒᆞᆫ거시
되엿시니하ᄂᆞ님을거역ᄒᆞᆫ후에ᄂᆞᆫᄆᆞ음이악ᄒᆞᆫ지라우리
ᄆᆞ음이올흔일을ᄒᆞ려ᄒᆞ게ᄒᆞ고후그른일을ᄒᆞ려ᄒᆞ게ᄒᆞ
ᄂᆞᆫ거시라우리가하ᄂᆞ님을공경ᄒᆞᄂᆞᆫ착ᄒᆞᆫᄆᆞ음이잇슬셰
에ᄂᆞᆫ올흔일을ᄒᆞ고저ᄒᆞ고하ᄂᆞ님을공경치아니ᄒᆞᄂᆞᆫᄆᆞ
음이잇슬셰에ᄂᆞᆫ그른일을ᄒᆞ고저ᄒᆞᄂᆞ니라하ᄂᆞ님이아
담과이와를착ᄒᆞᆫᄆᆞ음으로내셧것마ᄂᆞᆫ저ㅣ가죄지은고
로ᄆᆞ음을흉악ᄒᆞ게ᄒᆞ니라그후에그ᄌᆞ손들이나셔저의
부모와ᄀᆞᆺ치악ᄒᆞᆫᄆᆞ음이잇ᄂᆞ니라셰샹에잇ᄂᆞᆫ모든사나

희와계집과ᄋᆞᄒᆡ들이악ᄒᆞᆫᄆᆞ음으로나ᄂᆞᆫ거시아담과이
와가이뎐동산에셔하ᄂᆞ님이먹지말나ᄒᆞ신실파를먹은
연고ㅣ라그러므로우리죄를자조범ᄒᆞ게ᄒᆞᄂᆞᆫ악ᄒᆞᆫᄆᆞ음
이잇ᄂᆞᆫ지라하ᄂᆞ님이ᄀᆞᆯᄋᆞ샤ᄃᆡ우리가죄를지으면심판
ᄒᆞᄂᆞᆫ날에형벌을밧으리라ᄒᆞ시니라그러나텬당에셔누
가ᄂᆞ려와우리악ᄒᆞᆫᄆᆞ음을착ᄒᆞ게ᄒᆞ고우리죄를업게ᄒᆞ
야심판ᄒᆞᄂᆞᆫ날에형벌밧을거슬구쇽ᄒᆞ심을닙으리라녯
적에ᄒᆞᆫ이스라엘이란싸이잇스니일쳔팔ᄇᆡᆨ여년젼에그
곳에사ᄂᆞᆫ처녀마리아의게하ᄂᆞ님이텬ᄉᆞ를보내여말ᄉᆞᆷ
ᄒᆞ시니쳐녀가텬ᄉᆞ를보고무셔워ᄒᆞ거ᄂᆞᆯ텬ᄉᆞㅣᄀᆞᆯᄋᆞᄃᆡ
무셔워ᄒᆞ지마라하ᄂᆞ님이너를어엿비넉이샤예수라ᄒᆞ
ᄂᆞᆫ아ᄃᆞᆯ을주실거시니예수ᄂᆞᆫ하ᄂᆞ님의아ᄃᆞᆯ이니이셰샹

에잇는님금보다놉흔님금이되리라ᄒᆞ고텬ᄉᆞ는텬당에다시올나가니라마리아는부쟈도아니오존귀ᄒᆞ지도아니ᄒᆞ고다만가난ᄒᆞᆫ어린쳐녀요그남편될사ᄅᆞᆷ의일홈은요셉이니ᄯᅩᄒᆞᆫ가난ᄒᆞ고목슈노릇ᄒᆞ더라그후에마리아와요셉이벳리혬이라ᄒᆞᄂᆞᆫ동니에왓스니그곳슨사ᄂᆞᆫ곳시아니라잠간쥬막에셔머물더니그쥬막에힝인이ᄀᆞ득ᄒᆞ여잘방이업ᄂᆞᆫ고로마구간에들어가머물더니그ᄯᅢ하ᄂᆞ님이텬ᄉᆞ를보내샤마리아의게언약ᄒᆞᆫ아ᄃᆞᆯ을주시니마리아가그ᄋᆞᄒᆡ일홈을예수라ᄒᆞ더라예수나신집이부쟈의집ᄀᆞᆺ치됴ᄒᆞᆫ집이아니오벳리혬쥬막마구간이라어림ᄒᆞᆫ건대거긔암쇼와슈쇼들이혹자고혹쥭을구유에셔먹엇슬너라ᄯᅩ예수의어마니가옷스로ᄋᆞᄒᆡ를ᄡᅡ셔구유

안에뉘엿더라

뎨이쟝 그ᄯᅢ그나라ᄇᆡᆨ셩들이양을만히치더라플을먹이려고밧헤머물엇시나밧헤울ᄐᆡ리가업셔들즘승일ᄒᆡ와곰이와셔양을쥭이ᄂᆞᆫ고로사ᄅᆞᆷ들이흉샹양과ᄀᆞᆺ치잇셔닐흘ᄭᅡ혹쥭을ᄭᅡ념려ᄒᆞ야직희니양직회ᄂᆞᆫ사ᄅᆞᆷ을목쟈라닐캇더라목쟈들이늣제만직희ᄂᆞᆫ거시아니라들즘승들이밤에와셔양을쥭이ᄂᆞᆫᄯᅢ가잇ᄂᆞᆫ고로밤에도직희더라예수나시던밤에목쟈들이밧헤셔양을직희더니별안간에ᄒᆞᆫ볽은빗치ᄃᆞᆯ이며ᄒᆞᆫ텬ᄉᆞ가텬당에셔ᄂᆞ려와셔목쟈들의게말ᄒᆞᆫ매목쟈들이젼에텬ᄉᆞ를보지못ᄒᆞᆫ고로미우두려워ᄒᆞᆫ거늘텬ᄉᆞㅣᄀᆞᆯᄋᆞᄃᆡ두려워ᄒᆞ지마라나ㅣ가됴ᄒᆞᆫ쇼문을너희들과모든ᄇᆡᆨ셩의게젼파ᄒᆞ려고왓노

라벳리헴에새로난ᄋᆞ히가구셰쥬라ᄒᆞ니그런ᄉᆞ가예수를ᄯᅳᆺ홈이라예수를구셰쥬라닐ᄏᆞᆺ는거슨예수가텬당에셔ᄂᆞ려오샤우리악ᄒᆞᆫ마ᄋᆞᆷ을착ᄒᆞ게곳치고우리죄를업계ᄒᆞ샤심판ᄒᆞ는날에형벌밧을거슬구속ᄒᆞ시는연고ㅣ라텬ᄉᆞ가목쟈ᄃᆞ려닐ᄋᆞᄃᆡ너희가벳리헴에가면그아기를볼수잇시리니아기어마니가옷스로ᄊᆞ셔구유에뉘인거시표ㅣ니라텬ᄉᆞ가목쟈들ᄃᆞ려닐은후에즉시텬당에셔여러텬ᄉᆞ들이ᄂᆞ려와셔하ᄂᆞ님의게찬숑ᄒᆞ야이셰샹에잇는ᄇᆡᆨ셩의게엇더케착ᄒᆞ시고어지신거슬닐ᄏᆞᆺ고텬당에다시올나가니라목쟈들이서로말ᄒᆞᄃᆡ우리가지금벳리헴에가셔하ᄂᆞ님이텬ᄉᆞ를보내샤말ᄉᆞᆷᄒᆞ신구셰쥬를보리라ᄒᆞ고저의양들을ᄇᆞ리고벳리헴에가셔마구에니르러마리아와남편요셥과ᄯᅩ쇠구유에뉘인아기를ᄎᆞᆺᄌᆞ니라목쟈들이예수를본후에ᄆᆡ우깃거ᄒᆞ야나간후에다른사ᄅᆞᆷ들ᄃᆞ려텬ᄉᆞ가저희들의게ᄒᆞ던말을닐ᄋᆞ니모든ᄇᆡᆨ셩들이목쟈의말을듯고신긔히넉이더라목쟈들이양먹이는밧헤도라가셔하ᄂᆞ님이텬ᄉᆞ들을보내샤예수를말ᄉᆞᆷᄒᆞ시고ᄯᅩ저희들로ᄒᆞ여곰벳리헴마구에가셔예수를보게ᄒᆞ심을하ᄂᆞ님씌감샤ᄒᆞ더라그ᄯᅢ이스라엘싸예예루살넴이라ᄒᆞ는셩이잇스니벳리헴보다더큰셩이라집이ᄆᆡ우만코ᄇᆡᆨ셩이만히살더라그ᄯᅢ에님금이잇스니일홈이헤롯이라이스라엘사는모든ᄇᆡᆨ셩의님금이니그곳ᄇᆡᆨ셩을이스라엘사ᄅᆞᆷ이라도ᄒᆞ고유대사ᄅᆞᆷ이라도ᄒᆞ더라그러나그님금헤롯시흉악잔포ᄒᆞ더라예수나신

후에먼싀골에사ᄂᆞᆫ사ᄅᆞᆷ들이예루살넴에왓스니그사ᄅᆞᆷ
들은지혜가잇고아ᄂᆞᆫ거시만흔사ᄅᆞᆷ들이라ᄒᆞᆼ샹하ᄂᆞᆯ을
보고모든별ᄉᆞᆯ피기를공부ᄒᆞ더니본국에셔ᄒᆞᆫ별을보니
젼에보던별보다다른지라그별은하ᄂᆞ님이그박ᄉᆞ들로
ᄒᆞ여금예수나신거ᄉᆞᆯ알게ᄒᆞ시려고내신거시라그런고
로박ᄉᆞ들이예수ᄂᆞᆫ하ᄂᆞ님이이셰샹에보내신과연놉흔
사ᄅᆞᆷ인줄ᄉᆡᆼ각ᄒᆞ고예수압헤절ᄒᆞ고뵈옵기를원ᄒᆞ야저
의본집을ᄯᅥ나셔이스라엘ᄯᅡ에왓스니먼길의여러산과
쟝을지나오랜둥안에와셔길에곤ᄒᆞᆯ지라도도라오지안
코예루살넴ᄭᆞ지왓더니예루살넴안에갈셰예수를ᄎᆞᆺ지
못ᄒᆞᆫ지라그런고로거긔사ᄂᆞᆫ빅셩들ᄃᆞ려무ᄅᆞ되유대국
님금될어린ᄋᆞᄒᆡ가어ᄃᆡ잇ᄂᆞ뇨우리가본국에셔그별을

복음요ᄉᆞ 뎨이쟝 칠

보고그ᄋᆞᄒᆡ를뵈오려고왓노라헤롯이그박ᄉᆞ들의말이
어린ᄋᆞᄒᆡ가님금되리라ᄒᆞᆷ을듯고깃거아니ᄒᆞ니ᄯᅢ개그
아ᄒᆡ가쟝ᄎᆞᆺ커셔저를ᄃᆡ신ᄒᆞ야님금이될ᄭᅡ두려워ᄒᆞᆷ이
러라그런고로그어린ᄋᆞᄒᆡ를뮈워ᄒᆞ야저의하인들을불
너셔닐ᄋᆞᄃᆡ그ᄋᆞᄒᆡ가어ᄃᆡ낫ᄂᆞᆫ가무러보아라ᄒᆞ더니ᄋᆞ
ᄒᆡ가벳리헴에잇슴을듯고박ᄉᆞ들을불너저의본국에셔
보던별을무ᄅᆞᆫ후에헤롯이박ᄉᆞ들ᄃᆞ려닐ᄋᆞᄃᆡ벳리헴에
가셔그ᄋᆞᄒᆡ를ᄌᆞ셰히ᄎᆞ져ᄎᆞᆫ후에내게와셔닐ᄋᆞ라나
도그ᄋᆞᄒᆡ압헤가셔절ᄒᆞ고뵈오리라ᄒᆞ니헤롯이그ᄋᆞᄒᆡ
를ᄎᆞᆷ뵈옵고저ᄒᆞᄂᆞᆫ거시아니라뮈워ᄒᆞᄂᆞᆫ고로죽이려ᄒᆞᆷ
이러라그박ᄉᆞ들이예루살넴을ᄯᅥ나셔벳리헴에갈시저
의본국에셔보던별을보니그별이다른별과ᄀᆞᆺ치하ᄂᆞᆯ에

안졍치아니ᄒᆞ고박ᄉᆞ들압헤가셔벳리헴에니르도록길을ᄆᆞᆯ치더니그어린ᄋᆞᄒᆡ잇ᄂᆞᆫ집우헤굣치거ᄂᆞᆯ그박ᄉᆞ들이집에드러가셔어린ᄋᆞᄒᆡ가그어마니마리아와ᄒᆞᆷᄭᅴ잇ᄂᆞᆫ거ᄉᆞᆯ보고그압헤절ᄒᆞ니라그ᄯᅢ에님금ᄭᅴ오려오ᄂᆞᆫ사ᄅᆞᆷ은례물을가지고오ᄂᆞᆫ법이러라그박ᄉᆞ들이예수ᄭᅴ례물을가지고와셔드리니황금과유향과몰약세가지물건이라유향과몰약은나무진이니불에살오면연긔가나고됴흔향내가나ᄂᆞ니라그곳ᄇᆡᆨ셩들이유향과몰약을큰보ᄇᆡ로아ᄂᆞᆫ고로갑시만터라그러므로박ᄉᆞ들이이세가지례물을예수ᄭᅴ드리니라박ᄉᆞ들이벳리헴에셔ᄒᆞᆫ밤을ᄌᆞ니ᄭᅮᆷ에하ᄂᆞ님이닐ᄋᆞ시ᄃᆡ헤롯의말대로예루살넴에도라가셔예수가어ᄃᆡ잇ᄂᆞᆫ거ᄉᆞᆯ닐ᄋᆞ지말나ᄒᆞ시거ᄂᆞᆯ그

런고로박ᄉᆞ들이벳리헴에셔닐ᄯᅢ에다른길로본국에도라가니라헤롯이박ᄉᆞ들이져를속인줄을알고셩내여악ᄒᆞᆫ고잔포ᄒᆞᆫ일을ᄒᆞᆯ시하인들을벳리헴ᄉᆞ방에보내여두셜못된ᄋᆞᄒᆡᄂᆞᆫ다죽이라ᄒᆞ니헤롯싱각에예수가그즁에죽을줄알엇스ᄃᆡ다른ᄋᆞᄒᆡ들만죽고예수ᄂᆞᆫ죽지아니ᄒᆞ니라헤롯의하인이벳리헴에가기젼에요셉이자ᄂᆞᆫᄯᅢ하ᄂᆞ님이텬신을보내샤닐ᄋᆞ시ᄃᆡ녀ㅣ가맛당히어린ᄋᆞᄒᆡ와ᄋᆞᄒᆡ어마니를ᄃᆞ리고헤롯이ᄎᆞᆺ지못ᄒᆞᆯ곳이ᄋᆡ굽이라ᄒᆞᆫᄂᆞᆫᄯᅡ에도망ᄒᆞ라ᄒᆞᆫ신고로요셉이그밤에이러나셔아모도보지못ᄒᆞᆯᄯᅢ에마리아와어린ᄋᆞᄒᆡ를ᄃᆞ리고ᄋᆡ굽에가셔헤롯이죽도록거긔셔살더니요셉이잠든ᄯᅢ에하ᄂᆞ님이다시텬신을보내샤닐ᄋᆞ시ᄃᆡ이스라엘노도라가라ᄒᆞ

시거늘요셉이마리아와ᄋᆞᄒᆡ를ᄃᆞ리고그ᄯᅡ으로도라와셔나살읫이라ᄒᆞᄂᆞᆫ셩에살더라

뎨삼쟝 예루살넴은큰셩이니빅셩이만코집이만흔거슬말ᄒᆞ엿ᄂᆞ니그셩에다른집보다ᄆᆡ우됴흔집ᄒᆞ나이잇스니이집은유대사ᄅᆞᆷ들이ᄒᆞᆼ샹가셔하ᄂᆞ님ᄭᅴ빌고례비ᄒᆞᄂᆞᆫ셩뎐이라이셩뎐을흰화반셕으로짓고ᄯᅩ산ᄭᅩᆨ닥이에잇스매빅셩들이그대문에드러가기ᄭᅡ지놉흔층티로올나가니그대문이ᄆᆡ우광ᄎᆡ잇고크고ᄯᅩ은과금으로닙혓더라유대사ᄅᆞᆷ들이어린ᄋᆞᄒᆡ들을ᄃᆞ리고셩뎐에가셔하ᄂᆞ님ᄭᅴ밧치ᄂᆞᆫ법이러라그ᄯᆡ에예루살넴에시미언이란착ᄒᆞᆫ사ᄅᆞᆷ이잇스니시미언이비록늙엇시나하ᄂᆞ님이허락ᄒᆞ신예수를보기젼에ᄂᆞᆫ죽지아니리라ᄒᆞ셧더니과연그

려ᄒᆞᆫ도다마리아와요셉이예수를ᄃᆞ리고셩뎐에가기젼에하ᄂᆞ님이시미언ᄃᆞ려닐ᄋᆞ시티셩뎐으로가라ᄒᆞ시더니마리아와요셉이셩뎐에드러온티시미언이예수를안고ᄀᆞᆯᄋᆞ티하ᄂᆞ님의허락ᄒᆞ신티로나ㅣ가구셰쥬를뵈왓스니나ㅣ가즐겁게셰샹을ᄯᅥ나게ᄒᆞ쇼셔ᄒᆞ더라ᄯᅩ예루살넴에ᄒᆞᆫ늙은녀인이잇스니일홈은안나라그녀인이셩뎐에갓가이사ᄂᆞᆫ고로쥬야로가셔하ᄂᆞ님ᄭᅴ례비ᄒᆞ더니시미언이말ᄒᆞᆯᄯᆡ에안나가ᄯᅩ셩뎐에와셔예수를보고하ᄂᆞ님ᄭᅴ예수를보이신거슬감샤ᄒᆞ고다른빅셩들의게가셔예수본말을닐ᄋᆞ더라예루살넴에사ᄂᆞᆫ유대사ᄅᆞᆷ들은그셩뎐에자조가티이스라엘사ᄅᆞᆷ들은ᄒᆡ마다ᄒᆞᆫ번식거긔가셔유월졀를직희ᄂᆞᆫ법이니하ᄂᆞ님이이스라엘빅셩

들ᄃᆞ려닐ᄋᆞ시ᄃᆡ전일을긔억ᄒᆞᆷ으로이절긔를직희라ᄒᆞ셧스니무어슬긔억ᄒᆞ라ᄒᆞ심을닐ᄋᆞ리라그ᄯᅢ여러ᄒᆡ전에이스라엘ᄇᆡᆨ셩들이의곱님금파로의죵된지라파로가이스라엘ᄇᆡᆨ셩의게사오납게ᄒᆞ야벽돌굽게ᄒᆞ기와집짓게ᄒᆞ기와밧헤셔ᄒᆞᄂᆞᆫ모든일을ᄆᆡ우몹시식이고져의하인으로그ᄇᆡᆨ셩을ᄯᅳ리게ᄒᆞ고어린ᄋᆞᄒᆡ들을죽이게도ᄒᆞ더라그러므로하ᄂᆞ님이파로를깃거아니ᄒᆞ샤닐ᄋᆞ샤ᄃᆡ이스라엘ᄇᆡᆨ셩을네ᄯᅡ에셔내여보내라ᄒᆞ시ᄃᆡ파로가좃지아니ᄒᆞ거ᄂᆞᆯ하ᄂᆞ님이여러가지엄ᄒᆞᆫ형벌을ᄂᆞ리실ᄉᆡ나죵형벌이그즁에더옥무섭더라밤즁에하ᄂᆞ님이파로의ᄯᅡ에ᄒᆞᆫ텬ᄉᆞ를보내샤님금집에ᄃᆞ러가님금의맛아ᄃᆞᆯ도죽게ᄒᆞ고ᄇᆡᆨ셩들의집에ᄃᆞ러가ᄇᆡᆨ셩의맛아ᄃᆞᆯ도죽게

ᄒᆞ니집집마다죽음이ᄒᆞ나씩잇스ᄃᆡ하ᄂᆞ님이이스라엘ᄇᆡᆨ셩의집에ᄂᆞᆫ텬ᄉᆞ를보내지아니ᄒᆞ시고텬신ᄃᆞ려닐ᄋᆞ샤ᄃᆡ이스라엘ᄇᆡᆨ셩에집들은지내놋코ᄒᆞᆫ사ᄅᆞᆷ도샹ᄒᆞ지마라ᄒᆞ시니텬신이파로와그ᄇᆡᆨ셩들의게이러케ᄒᆞᆫ고로파로가ᄆᆡ우근심ᄒᆞ고무셔워ᄒᆞ여하ᄂᆞ님이전에닐ᄋᆞ신대로이스라엘ᄇᆡᆨ셩들을제ᄯᅡ에셔내여보내니그ᄇᆡᆨ셩들이가기전에하ᄂᆞ님이닐ᄋᆞ샤ᄃᆡ절긔를직희라ᄒᆞ셧시니그러므로이스라엘ᄇᆡᆨ셩들이집집마다절긔를직힐시불애구은양의숫기고기를먹고고기를먹은후에즉시의곱을써나니라하ᄂᆞ님이이스라엘ᄇᆡᆨ셩으로ᄒᆞ여곰그날밤에파로의게셔나아오게ᄒᆞ신은덕을긔억ᄒᆞ게ᄒᆞ고저ᄒᆞ샤닐ᄋᆞ샤ᄃᆡ너희맛당히이후에ᄒᆡ마다이날밤에이절긔

를직회라ᄒᆞ시니라하ᄂᆞ님이ᄇᆡᆨ셩의게이말ᄉᆞᆷ을닐ᄋᆞ신지여러ᄒᆡ가되엿스나그ᄯᅢᄭᆞ지이절긔를직회매이스라엘ᄇᆡᆨ셩들이예루살넴에가셔직히더라이절긔를유월절이라ᄒᆞᄂᆞᆫ거슨우리가본바ᄇᆡᆨ셩들이이곱에잇슬ᄯᅢ에텬신이저희집들은지내놋코ᄂᆞᆫ나도샹ᄒᆞ지아니ᄒᆞᆫ연고로유월절이라ᄒᆞᄂᆞ니라그ᄯᅢ마리아와요셉이나살잇이란셩에셔살더라말ᄒᆞᆫ바예수를죽이려ᄒᆞ던헤롯이죽은후에거긔오시니나살잇이예루살넴에셔거의이ᄇᆡᆨ십리가되ᄂᆞᆫ지라마리아와요셉이ᄒᆡ마다예루살넴에가셔유월절을직희더라면길에혼자가지아니ᄒᆞ고절긔직희고저ᄒᆞᄂᆞᆫ친구와니웃사ᄅᆞᆷ과ᄀᆞᆺ치동ᄒᆡᆼᄒᆞᄂᆞᆫ거시됴ᄒᆞ니길에도적이나불한당이해코저ᄒᆞ면서로구졔ᄒᆞ고저ᄒᆞᆷ이러라그ᄉᆡ골에셔ᄂᆞᆫ이ᄇᆡᆨ십리가면길인고로여러날을가더라우리가본바마리아와요셉이ᄒᆡ마다예루살넴에가셔유월절을직희니예수가열두설되엿슬ᄯᅢ에ᄀᆞᆺ치갓더라예루살넴에셔일헤를머물어절긔를지낸후에친구와ᄒᆞᆷᄭᅴ나살잇으로도라올시마리아와요셉이예수가그동ᄒᆡᆼ중에ᄀᆞᆺ치오ᄂᆞᆫ줄알고죵일토록ᄎᆞᆺ지아니ᄒᆞ엿더니밤에잘ᄯᅢ가되매예수를ᄎᆞ져도볼수업ᄂᆞᆫ지라마리아와요셉이ᄆᆡ우근심ᄒᆞ야친구들을ᄯᅥ나셔그길노도로예루살넴에가셔예수를ᄎᆞᆺ더니예루살넴셩뎐에셔예수가교ᄉᆞ와박ᄉᆞ들과의론ᄒᆞᆯ시그사ᄅᆞᆷ들의말를듯기도ᄒᆞ고뭇기도ᄒᆞ거늘예수ᄂᆞᆫᄋᆞ히요그사ᄅᆞᆷ들은놉흔션ᄇᆡ인고로듯ᄂᆞᆫᄇᆡᆨ셩들이예수가능히그사ᄅᆞᆷ들과이러케변론ᄒᆞᆷ을이샹

이녁이더라마리아가예수의게와셔무러ᄀᆞᆯᄋᆞᄃᆡ엇지ᄒᆞ야우리가나살잇으로갈ᄯᅢ에ᄀᆞᆺ치오지아니ᄒᆞ고여긔머므럿ᄂᆞ뇨ᄯᅩ즈긔와요셉이예수ᄅᆞᆯ념녀ᄒᆞ고근심ᄒᆞᆫ일을닐ᄋᆞ니예수가마리아ᄃᆞ려무ᄅᆞ샤ᄃᆡ나의아바님이가나를이세상에보내샤ᄒᆞ라ᄒᆞ신일을ᄃᆞᆺ당히ᄒᆞᆯ줄아지못ᄒᆞ엿ᄂᆞ잇가ᄒᆞ더라예수아바지ᄂᆞᆫ곳ᄒᆞᄂᆞ님이시니예수를련당으로셔조차나려보내샤우리가엇더케ᄒᆞᄂᆞ님을슌죵ᄒᆞ고공경ᄒᆞ야하ᄂᆞ님의아ᄃᆞᆯ이되ᄂᆞᆫ거ᄉᆞᆯ마ᄅᆞ쳐알게ᄒᆞ심이라그ᄯᅢ예수나히다만열두ᄉᆞᆯ이나빅셩들의게이런거ᄉᆞᆯ닐ᄋᆞ기를시작ᄒᆞ시더라마리아와요셉이예수를ᄎᆞᆺ자올ᄯᅢ에예수가ᄒᆞᆷᄭᅴ나살잇집으로도라오샤즈긔부모와ᄒᆞᆷᄭᅴ살셔부모가닐ᄋᆞᄂᆞᆫ대로슌죵ᄒᆞ시니동닉사름

들이예수를ᄉᆞ랑ᄒᆞ나하ᄂᆞ님아ᄃᆞᆯ인줄알게ᄒᆞᆯᄯᅢ가아직되지못ᄒᆞᆫ고로예수가하ᄂᆞ님아ᄃᆞᆯ인줄은아지못ᄒᆞ더라그런지여러ᄒᆡ후에이스라엘ᄯᅡ에셰례주ᄂᆞᆫ요한이라ᄒᆞᄂᆞᆫ사름이잇스이그사름은션지쟈ㅣ라션지쟈ᄂᆞᆫ이압일을아ᄂᆞᆫ사름이라우리ᄂᆞᆫ이압일을아지못ᄒᆞᆫ매어제와그젼일은알ᄃᆡ리일이나모레일은아지못ᄒᆞ니우리ᄂᆞᆫᄯᅢ가되기젼에ᄂᆞᆫ아지못ᄒᆞᄃᆡ하ᄂᆞ님의션지쟈ᄂᆞᆫ무슴일이던지쟝ᄎᆞᆺ엇더케될줄을ᄯᅢ가되기젼에능히아ᄂᆞ니션지쟈들이그러케아ᄂᆞᆫ거ᄉᆞᆫ하ᄂᆞ님이그일을닐ᄋᆞ신연고ㅣ라셰례주ᄂᆞᆫ요한은션지쟈요미우착ᄒᆞᆫ사름이라빅셩들이만히살지아니ᄒᆞᄂᆞᆫ적막ᄒᆞᆫ곳에잇더라요한이비록하ᄂᆞ님의션지쟈ㅣ나ᄒᆞᆫ가난ᄒᆞᆫ사름이니잇ᄂᆞᆫ거시다만가난

ᄒᆞᆫ사ᄅᆞᆷ의게잇ᄂᆞᆫ것ᄲᅮᆫ이러라약ᄃᆡ의털노ᄆᆞᆫ든험ᄒᆞᆫ의복
을닙고허리에가죡ᄯᅴ를ᄯᅴ고음식은멧독이와ᄃᆞᆯᄭᅮᆯ을먹
더라그싀골에멧독이가만코가난ᄒᆞᆫ사ᄅᆞᆷ들이만히먹으
니그싀골은지금ᄭᅥ지먹ᄂᆞ니라들ᄭᅮᆯ은들벌이나무와돌
틈에치ᄂᆞᆫ거시라요한이적막ᄒᆞᆫ들에서이두거슬ᄎᆞ저먹
고거긔홀노잇슬ᄯᅢ에하ᄂᆞ님을ᄉᆡᆼ각ᄒᆞ고긔도ᄒᆞ며셩경
을닑ᄂᆞᆫ겨를이만터라그ᄯᅢ예수가나살엣에계신지여러
ᄒᆡ가된지라예수가쟝셩ᄒᆞ고ᄯᅩ이스라엘ᄇᆡᆨ셩의게당신
이하ᄂᆞ님의아ᄃᆞᆯ인줄을알게ᄒᆞᆯᄯᅢ가된지라하ᄂᆞ님이셰
례주ᄂᆞᆫ요한으로ᄒᆞ여곰유대사ᄅᆞᆷ의게그말을닐ᄋᆞ게ᄒᆞ
시니라이ᄯᅢ요한이요르단강에서갓가온들에잇스매여
러유대사ᄅᆞᆷ들이요한의말을드ᄅᆞ려고오거ᄂᆞᆯ요한이그

사ᄅᆞᆷ들ᄃᆞ려닐너ᄀᆞᆯᄋᆞᄃᆡ하ᄂᆞ님아ᄃᆞᆯ이미구에너희즁에
오시리니맛당히하ᄂᆞ님아ᄃᆞᆯ오심을예비ᄒᆞ라됴흔의복
을닙거나너희집을졍케ᄒᆞ라ᄒᆞᆷ이아니오너희들이이왕
지은죄를뉘웃처곳치라ᄒᆞ더라아모일이던지불안ᄒᆞᆫ계
된거시잇스면뉘웃치ᄂᆞᆫ거시니그러나불안ᄒᆞᆫ것도ᄒᆞᆫ모
양이아니라녯적에두사ᄅᆞᆷ이옥에갓치엿스니그사ᄅᆞᆷ들
이거긔갓친연고ᄂᆞᆫ제게당치아니ᄒᆞᆫ물건을도적ᄒᆞᆫ죄라
아모ᄯᅢ던지하ᄂᆞ님이ᄒᆞ지말나ᄒᆞ신일을ᄒᆞ면그거시죄
라두사ᄅᆞᆷ들이제죄로인ᄒᆞ야미우불안ᄒᆞ게되엿스나ᄒᆞᆫ
사ᄅᆞᆷ은다만형벌밧ᄂᆞᆫ연고로불안히녁이매옥에서나가
ᄂᆞᆫ대로즉시도적질을ᄯᅩᄒᆞ리라ᄒᆞ고ᄯᅩᄒᆞᆫ사ᄅᆞᆷ은제가잘
못ᄒᆞᆫ거슬ᄎᆞᆷ불안히녁이매옥에서나간후에ᄂᆞᆫ도적질을

다시아니ᄒᆞ고진실ᄒᆞ리라ᄒᆞ니이사ᄅᆞᆷ은제죄를좀뉘웃치ᄂᆞᆫ사ᄅᆞᆷ이라요한이들에셔온유대사ᄅᆞᆷ들ᄃᆞ려닐너ᄀᆞᆯᄋᆞᄃᆡ너희가네죄뉘웃ᄂᆞᆫ거ᄉᆞ로예수가너희즁에오심을예비ᄒᆞ라ᄒᆞᆫᄃᆡ유대사ᄅᆞᆷ들이요한의말대로저희모든지은죄를뉘웃치니져희죄가하ᄂᆞ님을거역ᄒᆞ고악ᄒᆞᆫ거신줄알고다시죄짓지안키를결단ᄒᆞ더라요한이그사ᄅᆞᆷ들을ᄃᆞ리고요르단강물깁지아니ᄒᆞᆫ곳에가셔그물에셔셰례를주더라셰례밧ᄂᆞᆫ거슨우리죄를씨셔ᄇᆞ리ᄂᆞᆫᄯᅳᆺ시로ᄃᆡ물이능히죄를씻ᄂᆞᆫ거시아니라하ᄂᆞ님의셩신만능히ᄒᆞ시ᄂᆞ니라이ᄯᅢ요한이ᄇᆡᆨ셩의게물로셰례를주ᄃᆡᄇᆡᆨ셩들로ᄒᆞ야곰ᄌᆞ긔가능히ᄇᆡᆨ셩의죄를씻기ᄂᆞᆫ줄알게ᄒᆞ고져ᄒᆞᆷ이아니라ᄇᆡᆨ셩들ᄃᆞ려닐ᄋᆞᄃᆡ예수가오시면능히너희죄를씻기시리라ᄒᆞ더라예수ᄂᆞᆫ하ᄂᆞ님의아ᄃᆞᆯ이시고ᄯᅩᄇᆡᆨ셩의ᄆᆞ음에셩신을줄수잇ᄂᆞᆫ고로능히이거ᄉᆞᆯᄒᆞ시리라우리가예수님ᄋᆞ신대로죄를회ᄀᆡᄒᆞ고셰례를밧으면예수가쟝ᄎᆞᆺ우리ᄆᆞ음에셩신을주샤우리죄를씨시려니와우리가죄를회ᄀᆡ치아니ᄒᆞ고죄짓기를긋치지아니ᄒᆞ면죄가씻김을엇지못ᄒᆞ고비록교ᄉᆞ가우리게셰례를주어도쓸ᄃᆡ업ᄂᆞ니라

뎨ᄉᆞ쟝 요한이요르단강에셔ᄇᆡᆨ셩들을셰례줄ᄯᅢ에예수가요한의게셰례밧고져ᄒᆞ야나살잇집을ᄯᅥ나들에오셧더니요한이예수를볼ᄯᅢ에하ᄂᆞ님아ᄃᆞᆯ이오ᄆᆞ음이졍결ᄒᆞ야씨ᄉᆞᆯ거시업ᄂᆞᆫ거ᄉᆞᆯ아ᄂᆞᆫ고로셰례를주고져아니ᄒᆞ거ᄂᆞᆯ예수가요한ᄃᆞ려닐너ᄀᆞᆯᄋᆞ샤ᄃᆡ너ㅣ ᄌᆞ셰히알지못

ᄒᆞᆯ지라도내게주는거시올타ᄒᆞ시니요한이예수와ᄀᆞᆺ치
강에가셔셰례를주니라혹이무러ᄀᆞᆯᄋᆞᄃᆡ예수가ᄆᆞ음에
씨슬죄가업거늘엇지셰례밧기를원ᄒᆞ셧ᄂᆞ뇨ᄃᆡ답ᄒᆞᄃᆡ
예수가친히몸을위ᄒᆞ야셰례밧고져ᄒᆞ신거시아니라오
직우리를위ᄒᆞ야ᄒᆞᄂᆞ님이우리ᄃᆞ려ᄒᆞ라ᄒᆞ신모든일에
모본을주심이니라예수가셰례를밧은후에물에나오샤
즉시텬당에계신아바지씌비르시더니ᄒᆞᆫ이샹ᄒᆞᆫ일이잇
ᄉᆞ니예수우희로하ᄂᆞᆯ이열니며보기에비ᄃᆞᆰ이ᄀᆞᆺᄒᆞᆫ거시
텬당에셔ᄂᆞ려오니이거시참비ᄃᆞᆰ이가아니라셩신이비
ᄃᆞᆰ이ᄀᆞᆺ치ᄂᆞ려와셔예수에우희강림ᄒᆞ고ᄯᅩ그ᄯᅢ하ᄂᆞᆯ에
셔말ᄒᆞᄂᆞᆫ소리잇스니이ᄂᆞᆫᄒᆞᄂᆞ님의소리라닐너ᄀᆞᆯᄋᆞ샤
ᄃᆡ이ᄂᆞᆫ나의ᄉᆞ랑ᄒᆞᄂᆞᆫ아ᄃᆞᆯ이오나의깃거ᄒᆞᄂᆞᆫ쟈ㅣ라ᄒᆞ

시더라그젼에ᄂᆞᆫᄇᆡᆨ셩들이예수가ᄒᆞᄂᆞ님의아ᄃᆞᆯ인줄을
아지못ᄒᆞ엿더니이ᄯᅢ하ᄂᆞ님이텬당으로브터말ᄉᆞᆷᄒᆞ시
ᄃᆡ예수가당신아ᄃᆞᆯ이라닐ᄋᆞ시니라예수가그곳을ᄯᅥ나
샤적막ᄒᆞᆫ들에가샤거긔셔밤낫ᄉᆞ십일을머무시며하ᄂᆞ
님씌긔도ᄒᆞᆯ시예수와ᄒᆞᆫ가지잇기ᄂᆞᆫ들즘승ᄲᅮᆫ이로ᄃᆡ예
수가젼능ᄒᆞ심이잇ᄂᆞᆫ고로들즘승이능히해ᄒᆞ지못ᄒᆞ더
라밤낫ᄉᆞ십일이되도록음식을잡ᄉᆞ오시지아니ᄒᆞ시더
니나죵에주리신지라우리가사탄이이던동산에셔이와
를유인ᄒᆞᆫ고로우리ᄆᆞ음이악ᄒᆞ게되엿슴을보앗ᄂᆞ니그
런지가발셔오ᄅᆡᆫ지라아담파이와ᄂᆞᆫ죽은지가여러ᄇᆡᆨ년
이되엿스ᄃᆡ사탄은령신인고로죽지아니ᄒᆞ엿더니예수
가우리악ᄒᆞᆫᄆᆞ음을착ᄒᆞ게ᄆᆞᆫ돌려고텬당으로좃차나려

오시매사탄이싱각ᄒᆞᄃᆡ이던동산에셔이와를유인ᄒᆞᆷ과ᄀᆞᆺ치예수를유인ᄒᆞ리라ᄒᆞ고예수계신들에갓더라어ᄂᆞᄯᆡ던지사탄이사름을유인ᄒᆞ야그른일을ᄒᆞ라ᄒᆞᆯᄯᆡ에목엇시던지그사름이뎨일원ᄒᆞᄂᆞᆫ거슬추저셔그사름으로ᄒᆞ여곰그거슬엇어그른일을ᄒᆞ게ᄒᆞᄂᆞᆫ지라사탄이예수가금식ᄒᆞᆫ고로음식을원ᄒᆞᄂᆞᆫ줄을알고싱각ᄒᆞᄃᆡ예수로ᄒᆞ야곰음식을엇어잘못ᄒᆞᆷ을짓게ᄒᆞ리라ᄒᆞ고사탄이예수계신곳에와셔ᄡᅡ에돌이잇슴을보고예수ᄭᅴ말ᄒᆞ야ᄀᆞᆯᄋᆞᄃᆡ너ㅣ가만일하ᄂᆞ님의아ᄃᆞᆯ이면더돌로ᄯᅥᆨ을변ᄒᆞ야먹을음식을문ᄃᆞ나ᄒᆞ거ᄂᆞᆯ예수ㅣ사탄이웨왓ᄂᆞᆫ지알으시고ᄯᅩ예수가돌ᄃᆞ려변ᄒᆞ라닐ᄋᆞ시기만ᄒᆞ면그돌이ᄯᅥᆨ이되게ᄒᆞᆯ수가잇슬지라도사탄의말을좃차그일을아니

ᄒᆞ고져ᄒᆞᆫ샤사탄ᄃᆞ려닐ᄋᆞ샤ᄃᆡ셩경에닐넛ᄉᆞᄃᆡ우리가ᄇᆡ곱흘ᄯᆡ에ᄯᅥᆨ엇기를싱각ᄒᆞᄂᆞᆫ것보다하ᄂᆞ님의말ᄉᆞᆷ을슌죵ᄒᆞ고올흔일ᄒᆞ기를더싱각ᄒᆞ라ᄒᆞ시니라이거ᄉᆞᆯ긔억ᄒᆞ야만일우리가ᄇᆡ곱흘ᄯᆡ에음식먹기에죄를범ᄒᆞ고져ᄒᆞᆯ진ᄃᆡ우리구셰쥬가주리신ᄯᆡ에엇더케ᄒᆞ셧슴을긔억ᄒᆞᆯ지니죄지음으로엇은음식을먹을진ᄃᆡ출하리아니먹ᄂᆞᆫ거시나흠을싱각ᄒᆞᆯ지니라사탄이예수가그돌을ᄯᅥᆨ으로변ᄒᆞ지아니ᄒᆞᆷ을보고다른거ᄉᆞ로유인ᄒᆞ기를시험ᄒᆞ야예수를들에셔잇그려예루살넴셩에가셔셩뎐우회미우놉흔곳에올나가셔예수ᄃᆞ려닐ᄋᆞᄃᆡ너ㅣ가만일하ᄂᆞ님의아ᄃᆞᆯ이면뎐신이와셔너를붓들어샹ᄒᆞ지안케ᄒᆞᆯ거시니너ㅣ가여긔셔ᄯᅥ러지라예수가비록놉흔곳에셔

써러저도조곰도샹치아니ᄒᆞᆯ줄알으시되다만사탄이ᄒᆞᆫ
라ᄒᆞᄂᆞᆫ고로그거ᄉᆞᆯ핑ᄒᆞ면그런거시될줄알으시고사탄
ᄃᆞ려닐너ᄀᆞᆯᄋᆞ샤ᄃᆡ셩경에닐넛ᄉᆞᄃᆡ하ᄂᆞ님이우리몸을
구ᄒᆞᄂᆞᆫ가시험ᄒᆞᄂᆞᆫ것만위ᄒᆞ야우리몸을위ᄐᆡᄒᆞᆫ곳에두
지말나ᄒᆞ시니라사탄이예수를ᄒᆞᆫ번더시험ᄒᆞᆯ시예수를
그셩뎐우희에셔ᄉᆞ을고ᄒᆞᆫ놉ᄒᆞᆫ산우희에올나가셔예수
의게셰샹모든나라와영화ᄅᆞᆯᄆᆞᄅᆞ처보이고말ᄒᆞᄃᆡ너ㅣ
가만일ᄭᅮᆯ어내게절ᄒᆞ면이모든거ᄉᆞᆯ네게다주리라ᄒᆞᆫᄃᆡ
예수가사타ᄃᆞ려닐너ᄀᆞᆯᄋᆞ샤ᄃᆡ내게물너나가라셩경에
닐넛ᄉᆞᄃᆡ하ᄂᆞ님ᄭᅴ만절ᄒᆞ고슌종ᄒᆞ라ᄒᆞ시니라사탄이
예수가돌노ᄯᅥᆨ을변ᄒᆞ거나놉ᄒᆞᆫ셩뎐에셔써러지거나샹
관이업ᄉᆞᄃᆡ이런일을ᄒᆞ라고쳥ᄒᆞᄂᆞᆫ거ᄉᆞᆫ다만예수로ᄒᆞ

여곰제말을슌종ᄒᆞ게ᄒᆞ고져ᄒᆞᆷ이오ᄯᅩ제가예수의쥬인
되고져ᄒᆞᆷ이라사탄이예수를제게슌종ᄒᆞ게ᄒᆞᆯ수가업슴
을보고예수를ᄯᅥ나니텬신들이와셔셤기더라우리가예
수가사탄의유인ᄒᆞᄂᆞᆫ대로ᄒᆞ지아니ᄒᆞ심을감샤ᄒᆞᆯ거시
라이와ᄂᆞᆫ사탄의ᄭᅬ이ᄂᆞᆫ대로ᄒᆞ엿스매우리로ᄒᆞ여곰악
ᄒᆞᆫᄆᆞ음이잇셔셔죄인이되게ᄒᆞ엿스나예수ᄂᆞᆫ사탄의ᄭᅬ
이ᄂᆞᆫ대로ᄒᆞ지아니ᄒᆞ샤능히우리로새롭고착ᄒᆞᆫᄆᆞ음을
주샤하ᄂᆞ님의아ᄃᆞᆯ들이되게ᄒᆞ시니라그후에예수가요
한이셰례주던요로단강에도라오시니거긔예수ᄭᅴ엇던
사ᄅᆞᆷ들이와셔머믈며예수의ᄆᆞᄅᆞ치시ᄂᆞᆫ말ᄉᆞᆷ을드ᄅᆞ니
그러므로그사ᄅᆞᆷ들이예수의뎨ᄌᆞ가되니라ᄒᆞᄂᆞᆫ거ᄉᆞᆫ누
구던지다른사ᄅᆞᆷ의게무어ᄉᆞᆯ공부ᄒᆞ며그사ᄅᆞᆷ의말을좃

는사ᄅᆞᆷ이니라예수가뎨ᄌᆞ들을ᄃᆞ리시고가나라ᄒᆞᆫ셩에가시니거긔ᄒᆞᆫ혼인잔ᄎᆡ가잇ᄂᆞᆫ지라예수의어마니가거긔오시고또예수와뎨ᄌᆞ들을그잔ᄎᆡ에쳥ᄒᆞ이여왓더라그잔ᄎᆡ가울사ᄅᆞᆷ들을위ᄒᆞ야먹을음식과술을상에예비ᄒᆞ엿더니여러사ᄅᆞᆷ이옴으로잔ᄎᆡ가다되기젼에술이다ᄒᆞᆫ지라예수어마니가예수ᄃᆞ려술이업슴을닐ᄋᆞ고거긔잇ᄂᆞᆫ하인ᄃᆞ려닐ᄋᆞᄃᆡ너희가예수ᄒᆞ라ᄂᆞᆫ대로ᄒᆞ라ᄒᆞ더니그때그집에돌노ᄆᆞᆫᄃᆞᆫ큰물독여ᄉᆞᆺ시잇스니예수가하인ᄃᆞ려닐ᄋᆞ샤ᄃᆡ물노그독들을ᄎᆡ오라ᄒᆞ시니하인들이물을갓다가독을ᄎᆡ오더라그리ᄒᆞᆫ후에예수가말ᄉᆞᆷᄒᆞ샤ᄃᆡ좀ᄯᅥ내여잔ᄎᆡ쥬쟝ᄒᆞᆫ사ᄅᆞᆷ의게가져가라ᄒᆞ시니하인들이좀ᄯᅥ셔잔ᄎᆡ쥬쟝ᄒᆞᆫ사ᄅᆞᆷ의게가져가니그사ᄅᆞᆷ이맛보고술로알더라예수가그물을ᄆᆞᆫ지도아니ᄒᆞ시고무엇술넛치도아니ᄒᆞ시고다만술되라고닐ᄋᆞ시기만ᄒᆞ셧더니잠깐동안에술이되엿더라이거시ᄒᆞᆫ령젹이니령젹이라ᄒᆞᄂᆞᆫ거손다만하ᄂᆞ님만ᄒᆞ시ᄂᆞᆫ신긔ᄒᆞᆫ일이라예수ᄂᆞᆫ하ᄂᆞ님의아ᄃᆞᆯ이시니하ᄂᆞ님의큰능이잇ᄂᆞᆫ고로능히령젹을ᄒᆞ시ᄂᆞ니라이거시예수가ᄇᆡᆨ셩의게권능이잇슴을뵈이신처음령젹이라그후에ᄒᆞ신여러령젹을우리가쟝ᄎᆞᆺ보리라니코디모라ᄒᆞᄂᆞᆫ사ᄅᆞᆷ이예수ᄭᅴ왓스니그사ᄅᆞᆷ은유대국사ᄅᆞᆷ에관원이러라하ᄂᆞ님을듯고하ᄂᆞ님즐겁게ᄒᆞᆯ거슬알고져ᄒᆞ야예수ᄭᅴ비호려고밤에왓거ᄂᆞᆯ예수ㅣ닐너ᄀᆞᆯᄋᆞ샤ᄃᆡ네ᄆᆞ음이착ᄒᆞ고새롭지아니ᄒᆞ면하ᄂᆞ님을깃부게못ᄒᆞ고하ᄂᆞ님아ᄃᆞᆯ이되지못ᄒᆞᄂᆞ니라예

수가니코디모드려만새ᄆᆞ음이잇스라ᄒᆞ심이아니라네나내나아모던지맛당히새ᄆᆞ음이잇슬지니라우리가난쌔브터죄에자조빠지게ᄒᆞᄂᆞᆫ악ᄒᆞᆫᄆᆞ음이잇ᄂᆞᆫ연고ㅣ라우리가죄가잇고또악ᄒᆞᆫᄆᆞ음이잇서도하ᄂᆞ님이우리를ᄉᆞ랑ᄒᆞᆫ심을긋치지아니시고새롭고됴ᄒᆞᆫᄆᆞ음을주시고우리가죄로인ᄒᆞ야형벌밧을거슬구쇽ᄒᆞ시려고텬당으로좃차와아ᄃᆞᆯ를ᄂᆞ려보내시니라예수가벳니헴에나셧슬쌔에이스라엘다ᄉᆞ리던님금혜롯이예수를죽이고져ᄒᆞᆫ매예수가벳니헴어린ᄋᆞᄒᆡ들중에잇슬줄알고ᄌᆞ긔하인들을보내여그곳어린ᄋᆞᄒᆡ들을다죽이엿ᄂᆞ니라혜롯이죽은후에그아ᄃᆞᆯ이님금이되엿스니일홈이또ᄒᆞᆫ혜롯이라혜롯이제아비와ᄀᆞᆺ치악ᄒᆞᆫ지라혜롯의ᄒᆞ던악ᄒᆞᆫ일

을말ᄒᆞᆯ진대제형의안해를취ᄒᆞ야제안해를삼엇스니이거시큰죄라세례주ᄂᆞᆫ요한이혜롯의게와서죄지엇슴을닐ᄋᆞ니혜롯의안해혜로듸아란계집이요한의말을듯고ᄆᆡ우셩내니대개그계집이부귀ᄒᆞ려고님금의안해되기를원ᄒᆞᄂᆞᆫ연고ㅣ라그계집이님금의게가셔요한죽이기를쳥ᄒᆞᆫ디혜롯이요한의ᄀᆞᄅᆞ침을드럿고또요한이착ᄒᆞᆫ사ᄅᆞᆷ인줄을아ᄂᆞᆫ고로죽이기를두려워ᄒᆞ나아직제안해를깃부게ᄒᆞ려고요한을잡어결박ᄒᆞ야옥에가도니라

뎨오장 요한이옥에잇슬쌔에혜롯의싱일이되매혜롯이큰잔치를ᄒᆞᆯ시군ᄉᆞ중에대쟝과여러대인들을쳥ᄒᆞ야왓더라그쌔혜롯듸아의게ᄒᆞᆫᄯᆞᆯ이잇스니일홈은사로메라사로메가춤을잘추더니혜롯파모든대인들이잔치에안

젓슬새에사로메가방에드러와셔압헤셔춤추니헤롯이
그묘ᄒᆞᆫ계춤춤을깃거ᄒᆞ야아모거시라도달나ᄒᆞᄂᆞᆫ대로
주리라ᄒᆞ고굴ᄋᆞ되너ㅣ가나의나라를반분ᄒᆞ야달나ᄒᆞ
여도나ㅣ가주리라ᄒᆞ니헤롯싱각에사로메가제게잇ᄂᆞᆫ
물건즁에셔능히취ᄒᆞᆯ줄알고쇼원대로주마ᄒᆞ엿시니헤
롯의이허락ᄒᆞᆫ거시미우어리셕고악ᄒᆞᆫ일이러라사로메
가아모것도유공ᄒᆞᆫ거시업것마ᄂᆞᆫ헤롯이임의허락ᄒᆞᆫ지
라사로메가제어미의게가셔말ᄒᆞ되나ㅣ가쟝ᄎᆞᆺ무어슬
달나ᄒᆞ리잇가헤롯되아가제ᄯᆞᆯ드려아름다온션물이나
돈을쳥ᄒᆞ라ᄂᆞᆯᄋᆞ지아니ᄒᆞ고셰례주ᄂᆞᆫ요한의머리를버
혀쥭시큰디졉에담어주기를원ᄒᆞ노라ᄒᆞ라사로메가헤
롯의게급히가셔제어미가ᄂᆞᆯᄋᆞᆫ대로쳥ᄒᆞᆫ디헤롯이요한

을죽이고져아니ᄒᆞᆫᄂᆞᆫ고로미우불안이녁이더라우리가
악ᄒᆞᆫ일ᄒᆞᆫ기를허탁ᄒᆞᆫ엿슬새에맛당히하ᄂᆞ님씌용셔ᄒᆞ
기를쳥ᄒᆞ고악ᄒᆞᆫ일을아니ᄒᆞᆯ거시니헤롯이반ᄃᆞ시사로
메ᄃᆞ려이거슬ᄒᆞᆫ지못ᄒᆞ겟다ᄂᆞᆯ을거시여ᄂᆞᆯ그새여러때
인들이그잔치에셔헤롯이허락흠을드럿고ᄯᅩ헤롯이이
일ᄒᆞᆫ기를겁내ᄂᆞᆫ모양이잇슬ᄭᅡ붓그러워ᄒᆞ야제하인을
옥에보내여요한의머리를버혀큰디졉에담어셔사로메
의게가져가게ᄒᆞ니사로메가제어미의게가져가니라요
한의뎨ᄌᆞ들이헤롯이ᄒᆞᆫ일을듯고와셔요한의시톄를가
져다가장ᄉᆞ지내고셰수씌와셔ᄂᆞᆯᄋᆞ니라 ○ 예수와뎨ᄌᆞ
들이가리리ᄡᅡ에가실시시가라ᄒᆞᄂᆞᆫ셩에오시니셩밧게
빅셩들이먹ᄂᆞᆫ우물이잇스니예수ㅣ거긔가셧슬새가ᄂᆞᆺ

되엿슬ᄯᅢ라예수가ᄒᆡᆼ역에곤ᄒᆞ샤우물녑헤안저계실서
뎨ᄌᆞ들은예수를혼자계시게ᄒᆞ고음식을사려고셩에드
러갓더라ᄒᆞᆫ녀인이셩에나와서동의를가지고물을ᄯᅳ니
그녀인은ᄆᆞ음에ᄒᆞᄂᆞ님을ᄉᆞ랑치아니ᄒᆞ고ᄯᅩ여러가지
하ᄂᆞ님명을거역ᄒᆞᄂᆞᆫ일을ᄒᆞ엿더라예수ᄂᆞᆫ우리ᄆᆞ음을
보시고우리ᄒᆞᄂᆞᆫ일을다아시ᄂᆞᆫ고로이거슬아시고그녀
인과니야기ᄒᆞ실ᄉᆡ그녀인의젼에ᄒᆞᆫ일이ᄒᆞᄂᆞ님을거역
ᄒᆞ엿슴을닐ᄋᆞ시니그녀인이예수가이런일을알으시ᄂᆞᆫ
거슬본후에놀나ᄀᆞᆯᄋᆞᄃᆡ션ᄉᆡᆼ님이여당신이션지자ㅣ로
소이다나ㅣ가이세상에구세쥬오신줄을알고ᄯᅩ구쥬가
오실ᄯᅢ에모든일을우리게닐ᄋᆞ실줄을아노라예수ㅣᄀᆞᆯ
ᄋᆞ샤ᄃᆡ네게말ᄒᆞᄂᆞᆫ나ㅣ가그사ᄅᆞᆷ이로라ᄒᆞ시니그녀인

이물동의를ᄇᆞ리고급히셩에드러가서ᄇᆡᆨ셩ᄃᆞ려말ᄒᆞᄃᆡ
나ㅣ가젼에ᄒᆞᆫ일을다내게닐ᄋᆞᄂᆞᆫ사ᄅᆞᆷ을와셔보라이가
구세쥬가아니냐ᄇᆡᆨ셩들이와셔예수를보고뎨희셩안으
로오심을빌더라그러므로예수가거긔오샤ᄇᆡᆨ셩들과흠
ᄭᅴ사흘을머무실ᄉᆡᄇᆡᆨ셩들이예수ᄀᆞᄅᆞ치심을드른후에
그녀인ᄃᆞ려말ᄒᆞᄃᆡ우리가지금예수를밋ᄂᆞᆫ거시녀ㅣ가
우리ᄃᆞ려예수를말ᄒᆞᆫ연고가아니라우리가친히드른고
로예수가텬당으로좃차오신구세쥬신줄아노라ᄒᆞ더라
그ᄯᅢ브터예수가이스라엘ᄇᆡᆨ셩을ᄀᆞᄅᆞ치기를비로소ᄒᆞ
시며닐너ᄀᆞᆯᄋᆞ샤ᄃᆡ심판ᄒᆞᄂᆞᆫ날이오매너희가맛당히죄
를회ᄀᆡᄒᆞ고나를밋으라ᄒᆞ시더라○그후에예수가ᄀᆞᆯ로
술를변ᄒᆞ던가나셩에다시가셧더니거긔ᄒᆞᆫ벼슬ᄒᆞᆫ사ᄅᆞᆷ

이예수ᄭᅴ왓스니그사ᄅᆞᆷ이ᄒᆞᆫ병든아ᄃᆞᆯ이잇ᄂᆞᆫ고로예수ᄭᅴ와셔제아ᄃᆞᆯ낫게ᄒᆞ심을쳥ᄒᆞ며예수ᄅᆞᆯ제아ᄃᆞᆯ잇ᄂᆞᆫ집으로오시기ᄅᆞᆯ원ᄒᆞ야ᄀᆞᆯᄋᆞᄃᆡ속히내아ᄃᆞᆯ죽기젼에오쇼셔ᄒᆞ니그사ᄅᆞᆷᄉᆡᆼ각에예수가제아ᄃᆞᆯ을가보신후에야낫게ᄒᆞ실줄알엇더니예수가그사ᄅᆞᆷᄃᆞ려닐너ᄀᆞᆯᄋᆞ샤ᄃᆡ네아ᄃᆞᆯ이나흘거시니네집으로도라가라ᄒᆞ신ᄃᆡ그사ᄅᆞᆷ이예수말ᄉᆞᆷ을밋고먼길에제집으로도라갈ᄉᆡ다음날에제집에니ᄅᆞ기젼에제하인들이와셔그사ᄅᆞᆷ을맛나보고그아ᄃᆞᆯ이낫다ᄒᆞ거ᄂᆞᆯ그사ᄅᆞᆷ이제하인ᄃᆞ려무ᄅᆞᄃᆡ내아ᄃᆞᆯ이어ᄂᆞᄯᆡᄇᆞ터비로소나ᄒᆡᆺᄂᆞ뇨하인이ᄃᆡ답ᄒᆞᄃᆡ어제미시ᄇᆞ터열병이업셔졋다ᄒᆞ거ᄂᆞᆯ그러므로그사ᄅᆞᆷ이예수말ᄉᆞᆷ이네아ᄃᆞᆯ이나ᄒᆞ리라ᄒᆞ시던ᄯᆡ가곳그ᄯᆡ인줄을알고그사ᄅᆞᆷ과그식구들이예수령젹을보고하ᄂᆞ님아ᄃᆞᆯ인줄밋더라예수가여러ᄒᆡ살던그나살잇셩에오시니그곳에ᄒᆞᆫ회당이잇ᄂᆞᆫ지라우리본바예루살넴에유대사ᄅᆞᆷ들례ᄇᆡᄒᆞᄂᆞᆫ셩뎐이잇스나예루살넴에셔길이먼다ᄅᆞᆫ시골사ᄂᆞᆫ유대사ᄅᆞᆷ들은례ᄇᆡ일마다그셩뎐에올수가업스매그사ᄅᆞᆷ들리제시골에져근례ᄇᆡ당을지엿스니져근례ᄇᆡ당은회당이라부ᄅᆞ더라례ᄇᆡ일에예수가나살잇회당에가시고ᄯᅩ여러유대사ᄅᆞᆷ들이거긔뫼히매예수가유대사ᄅᆞᆷ들ᄃᆞ려닐너ᄀᆞᆯᄋᆞ샤ᄃᆡ나ㅣ가하ᄂᆞ님이텬당으로좃차ᄂᆞ려보내신구셰쥬로라ᄒᆞ시니유대사ᄅᆞᆷ들이예수가구셰쥬신줄을밋지아니ᄒᆞᆫ고로예수가이말ᄉᆞᆷᄒᆞ실ᄯᆡ에ᄇᆡᆨ셩들이ᄆᆡ우셩내고예수ᄅᆞᆯ붓잡고회당밧ᄭᅴ나가셔셩ᄊᆞ

ᄒᆞᆫ산절벽에ᄯᅥ러틔려죽일만ᄒᆞᆫ곳으로ᄭᅳᆯ고갓스나예
수ᄂᆞᆫ하ᄂᆞ님젼능이잇ᄂᆞᆫ고로그사름들이능히해치못ᄒᆞ
고ᄯᅩ예수가그사름들을ᄇᆞ리고그셩을ᄯᅥ나시니라예수
가바다ᄀᆞ에가베나옴이란셩에가셔물ᄀᆞ에셔셧스매ᄇᆡᆨ
셩들이예수의ᄀᆞᄅᆞ치심을드ᄅᆞ려고둘너모혓더라예수
가어부의두ᄇᆡ를보시니그ᄇᆡ들은바다에셔ᄉᆡᆼ션잡ᄂᆞᆫ사
름의ᄇᆡ라그ᄯᅢ어부들니ᄉᆡᆼ션을잡지아니ᄒᆞ고그물을씻
고곳치더라ᄒᆞᆫ사름의일홈은베드로ㅣ니제형안드레아
와ᄒᆞᆷᄭᅴ도읍더라그희변에ᄇᆡᆨ셩들이예수말ᄉᆞᆷ을드ᄅᆞ려
고둘너셧스매예수가베드로의ᄇᆡ에가샤베드로ᄃᆞ려ᄇᆡ
를좀희변에셔ᄯᅥ나게ᄒᆞ기를쳥ᄒᆞ시니베드로ㅣᄇᆡ를좀
ᄯᅥ나게ᄒᆞᆫ후에예수가ᄇᆡ에안ᄌᆞ시고셧ᄂᆞᆫᄇᆡᆨ셩들을ᄀᆞᄅᆞ
치시더라예수가ᄇᆡᆨ셩들을다ᄀᆞᄅᆞ치신후에베드로와안
드레아ᄃᆞ려닐ᄋᆞ샤ᄃᆡ바다의ᄇᆡ질ᄒᆞ야나가셔그물을물
에너허ᄉᆡᆼ션을잡으라ᄒᆞ시니베드로가ᄀᆞᆯᄋᆞᄃᆡ우리가밤
ᄉᆡ도록ᄉᆡᆼ션잡기를시험ᄒᆞᄃᆡ잡지못ᄒᆞ엿ᄂᆞ니다그러나
션ᄉᆡᆼ님이ᄒᆞ라ᄒᆞ시니그물을너ᄒᆞ리다ᄒᆞ고그물을너헛
더니ᄉᆡᆼ션을ᄆᆡ우만히잡엇스매그물들수가업셔ᄶᅵ여
지더라그러므로베드로와안드레아가갓가히잇ᄂᆞᆫ다른
어복야곱보와요한을불너도아달나ᄒᆞ니그두사름이그
ᄇᆡ에와셔협력ᄒᆞ야그물을물밧게ᄭᅳ어내고ᄉᆡᆼ션을취
ᄒᆞ야두ᄇᆡ에시르니엇더케만ᄒᆞᆫ지ᄇᆡ가거의잠기게되더
라이ᄂᆞᆫ예수가그ᄉᆡᆼ션들을어부가잡을곳으로오게ᄒᆞ신
거시라그젼에ᄂᆞᆫ어부들이ᄉᆡᆼ션을잡으려ᄒᆞᄃᆡ거긔ᄉᆡᆼ션

이업더니예수가어부ᄃᆞ려시험ᄒᆞ라ᄒᆞᆫ신후에그러케만ᄒᆞᆫ싱션이와셔두번에ᄀᆞ득ᄒᆞ엿스니이거시물을변ᄒᆞ야술문ᄃᆞᆫ것과벼술ᄒᆞᄂᆞᆫ사ᄅᆞᆷ의아ᄃᆞᆯ곳친것과ᄀᆞᆺᄒᆞᆫ령적이러라베ᄃᆞ로가예수ᄒᆞᆫ신령적을보고예수압헤절ᄒᆞ고공경ᄒᆞ더라예수가그사ᄅᆞᆷ들로뎨ᄌᆞ를삼고저ᄒᆞ시ᄂᆞᆫ고로배ᄃᆞ로와안ᄃᆞ레아와야고보와요한의게당신이하ᄂᆞ님아ᄃᆞᆯ인줄을알게ᄒᆞ려고이러케ᄒᆞ시니라그사ᄅᆞᆷ들의게말ᄉᆞᆷᄒᆞ샤ᄃᆡ나와ᄒᆞᆷ씌오라ᄒᆞ시니그사ᄅᆞᆷ들이제ᄇᆡ와그물과ᄯᅩ제게잇ᄂᆞᆫ거슬다ᄇᆞ리고예수를ᄯᆞ라가니라

뎨륙장 례ᄇᆡ일에예수가가ᄇᆡ나옴회당에가샤거긔온ᄇᆡ셩들을ᄀᆞᄅᆞ치실시그즁에ᄒᆞᆫ샤귀들닌사ᄅᆞᆷ이잇스니우리가본바악ᄒᆞᆫ텬ᄉᆞ와샤귀가녯적에ᄂᆞᆫ텬당에잇ᄂᆞᆫ착ᄒᆞᆫ

텬ᄉᆞ엿마ᄂᆞᆫ하ᄂᆞ님을거역ᄒᆞᆫ고로하ᄂᆞ님이텬당에셔내치셧ᄂᆞ니텬ᄉᆞ와샤귀ᄂᆞᆫ죽지아니ᄒᆞᄂᆞᆫ고로텬당에셔내친텬ᄉᆞ들도지금ᄭᆞ지살아잇셔모ᄃᆞᆫ착ᄒᆞᆫ일을뮈워ᄒᆞ야ᄃᆡ뎍ᄒᆞᆫ고저ᄒᆞᆫ고우리와ᄀᆞᆺ치몸이잇지아니ᄒᆞᆫ때우리가지못ᄒᆞᄂᆞᆫ곳에능히ᄃᆞ러가ᄂᆞ니사탄이그즁에님금이라졔ᄆᆞ음에어ᄃᆡ던지해ᄒᆞᆯ곳으로모ᄃᆞᆫ악귀들을보내더니녯적에예수ㅣ이셰샹에계실ᄯᅢ에사탄이잇다금악귀들을사나희게나계집에게나어린ᄋᆞ희들의게ᄃᆞ러가게ᄒᆞ니악귀들닌사ᄅᆞᆷ은무어시던지악귀가식이ᄂᆞᆫ대로ᄒᆞ더라그ᄯᅢ회당에잇ᄂᆞᆫᄒᆞᆫ사ᄅᆞᆷ의게악귀가ᄃᆞ러갓스니악귀ᄂᆞᆫ사ᄅᆞᆷ의ᄯᅳᆺ슬슌죵ᄒᆞ지아니ᄒᆞᄂᆞᆫ고로그사ᄅᆞᆷ이그악귀를나가게못ᄒᆞ더니그러나악귀들이예수의게ᄂᆞᆫ슌죵ᄒᆞ

는지라능히악귀를나가게ᄒᆞ시고ᄯᅩ악귀ᄃᆞ려그사ᄅᆞᆷ의계셔나오라ᄒᆞ시니그악귀가큰소리를지ᄅᆞ며그사ᄅᆞᆷ을ᄯᅡ에녀머지게ᄒᆞ더라그후에는악귀가그사ᄅᆞᆷ을ᄯᅥ나가니회당에잇는빅셩들이예수ᄒᆞ시는일을보고놀나셔로말ᄒᆞ되악귀도예수의게는슌종ᄒᆞ니이거시엇지ᄒᆞᆫ일이뇨ᄒᆞ고가리리일경빅셩들이예수ᄒᆞ신령적을다ᄃᆞ르나라예수가회당에나오샤두뎨ᄌᆞ베드로와안드레아사는집에가시니베드로의장모가열병으로알커늘그사ᄅᆞᆷ들이예수씌그녀인낫게ᄒᆞ심을쳥ᄒᆞᆫ디예수가그녀인누은침상녑헤셔셔손으로녀인을잡아니러키시니즉시열병이업셔지매그녀인이니러나셔집에잇는사ᄅᆞᆷ들을졉디ᄒᆞ더라그날져녁에그셩에잇는빅셩들이여러병인과

샤귀들닌사ᄅᆞᆷ들을ᄃᆞ리고왓거늘예수가병인마다낫게ᄒᆞ시고악귀잇는사ᄅᆞᆷ의게악귀를나가게ᄒᆞ시니라그이튼날아ᄎᆞᆷ붉기젼에니러나셔그셩밧게적막ᄒᆞᆫ들에가샤거긔셔ᄯᅡ에ᄭᅮᆯ어안자셔하ᄂᆞ님씌긔도ᄒᆞ시니라예수가비록하ᄂᆞ님의아ᄃᆞᆯ이오련당에셔살으셧시나우리로말미암아사ᄅᆞᆷ이되샤셰샹에ᄂᆞ려오시고ᄯᅩ셰샹에계신동안에큰심파고로온여러가지일이잇스매하ᄂᆞ님씌도아달나고긔도ᄒᆞ시니라예수가들에나가신후에가버나옴빅셩들이예수를ᄎᆞ자베드로집에왓다가예수가거긔ᄯᅥ나심을듯고예수를ᄎᆞ자밧씌나와셔예수씌저희셩을ᄯᅥ나가지말으시기를빌거늘예수가닐너ᄀᆞᆯᄋᆞ샤ᄃᆡ나ㅣ가맛당히다른셩에사는빅셩의게가셔젼도ᄒᆞ리라ᄒᆞ시고

그후에예수가그싸읜셩에가셔복음을젼ᄒᆞ시니복음은
됴흔소문이라복음에됴흔소문은우리가젼에본바예수
가우리악ᄒᆞᆫᄆᆞ음을착ᄒᆞ게곳치시고우리죄를업게ᄒᆞ시
고심판ᄒᆞᄂᆞᆫ날에우리형벌밧을거슬구쇽ᄒᆞ시려고텬당
으로좃차ᄂᆞ려오신거시라우리가다ᄒᆞᄂᆞ님을거역ᄒᆞ야
죄짓기를여러번ᄒᆞ고ᄯᅩᄒᆞᄂᆞ님말ᄉᆞᆷ이죄진사ᄅᆞᆷ은형벌
밧으리라ᄒᆞ셧거ᄂᆞᆯ우리가죄지은고로맛당히형벌밧을
거슬예수가엇지능히구쇽ᄒᆞ셧ᄂᆞ뇨ᄒᆞᆫ가지법이잇스니
예수ㅣ우리를ᄃᆡ신ᄒᆞ야벌밧으신거시오ᄯᅩ예수가우리
를이러케ᄉᆞ랑ᄒᆞ샤당신이그러케ᄒᆞ시기를즐거ᄒᆞ셧스
니우리죄에예수가엇더케ᄃᆡ신형벌밧으신거슬쟝ᄎᆞᆺ말
ᄒᆞ리라우리가그죄를회ᄀᆡᄒᆞ고죄짓기를긋치매우리를

인ᄒᆞ야형벌밧으신예수를ᄉᆞ랑치아니면예수쥭으신거
시우리를구쇽ᄒᆞ지아니ᄒᆞ시리라문둥병든사ᄅᆞᆷᄒᆞ나히예
수씌왓스니이거시ᄆᆡ우무셔온병이라누구던지이병들
면즉시제집을ᄯᅥ나셔혼자잇슬곳으로가거나저와ᄀᆞᆺ치
문둥병잇ᄂᆞᆫ사ᄅᆞᆷ과ᄒᆞᆷᄭᅴ잇셔다낫기젼에ᄂᆞᆫ집에도라오
지못ᄒᆞᄂᆞᆫ법이니ᄒᆞᄂᆞ님밧씌이병을곳치ᄂᆞᆫ이가업ᄂᆞ니
라ᄒᆞᄂᆞ님이혹이병으로사ᄅᆞᆷ을형벌ᄒᆞ시ᄂᆞ니우리가셩
경을보니녯적에ᄒᆞᄂᆞ님이웃시아라ᄒᆞᄂᆞᆫ님금의게문둥
병을보내셧시니그님금이ᄒᆞᄂᆞ님말ᄉᆞᆷ을거역ᄒᆞᆫ연고ㅣ
라웃시아가스믈여ᄃᆞᆲ히를곳치지못ᄒᆞ고쥭도록문둥병
이잇스매흥샹다른사ᄅᆞᆷ을ᄯᅥ나셔싼집에잇고그아ᄃᆞᆯ이
ᄃᆡ신님금되니라그ᄯᅢ이괴악ᄒᆞᆫ병잇ᄂᆞᆫ사ᄅᆞᆷ이예수씌와

셔압헤ᄭᅮᆯ어안저말ᄒᆞᄃᆡ쥬여이것ᄒᆞ시기를즐겨ᄒᆞ려ᄒᆞ실진대능히나를셰긋ᄒᆞ게ᄒᆞ시리다예수가그사ᄅᆞᆷ을불샹히녀이샤손을들어그사ᄅᆞᆷ을ᄆᆞᆫ지시고ᄀᆞᆯᄋᆞ샤ᄃᆡ나ᄂᆞᆫᄒᆞ고저ᄒᆞ노니녀ᄂᆞᆫ셰긋ᄒᆞᆯ지어다예수가그말ᄉᆞᆷᄒᆞ신후에즉시그사ᄅᆞᆷ의게ᄆᆞᆫ둥병이업서지고다나흔지라ᄯᅩ예수가그사ᄅᆞᆷᄃᆞ려닐ᄋᆞ샤ᄃᆡ아모ᄃᆞ려도누가너를곳첫다말ᄒᆞ지마라ᄒᆞ셧시ᄃᆡ그사ᄅᆞᆷ이낫게된거ᄉᆞᆯ너무즐거워ᄒᆞ야나가서모든ᄇᆡᆨ셩의게말ᄒᆞᆫ지라그러므로여러사ᄅᆞᆷ들이예수ᄭᅴ와셔둘너모히니예수가거긔셔머물수가업ᄂᆞᆫ지라ᄯᅩ혼자계실둘에가샤거긔셔하ᄂᆞ님ᄭᅴ긔도ᄒᆞ시고ᄯᅩ가베나옴셩에가시니이셩은바다ᄀᆞ히라그ᄯᅢ예수가흔집안에가샤ᄀᆞᄅᆞ치실시그셩에여러ᄇᆡᆨ셩들이예수

말ᄉᆞᆷ을드ᄅᆞ려고모혀왓스니사ᄅᆞᆷ이그러케만ᄒᆞ매다드러올수가업서셔ᄆᆞᆫ밧긔도셧더라ᄯᅩ엇던사ᄅᆞᆷ들이반신불슈병잇ᄂᆞᆫ사ᄅᆞᆷ을ᄃᆞ리고왓스니반신불슈병이사ᄅᆞᆷ을약ᄒᆞ게ᄆᆞᆫᄃᆞᄂᆞᆫ고로능히것지못ᄒᆞ고제친구들이듯거온요에뉘여ᄃᆞ리고왓스니예수가능히령적을ᄒᆞ시고의원이곳치지못ᄒᆞᄂᆞᆫ병을곳치ᄂᆞᆫ거ᄉᆞᆯ드ᄅᆞᆫ연고ㅣ러라그사ᄅᆞᆷ들이예수계신집에왓슬ᄯᆡ에둘너셧ᄂᆞᆫ사ᄅᆞᆷ들이만ᄒᆞ매드러갈수가업ᄂᆞᆫ고로집우희올나가셔기와를벗기여구멍을닌후에병인을요에뉘여예수계신방으로ᄂᆞ려보내니그사ᄅᆞᆷ들이이러케ᄒᆞᄂᆞᆫ거슨저희밋음을뵈이ᄂᆞᆫ거시라그병인의친구들이예수가그병인을낫게ᄒᆞ실줄을밋고예수ᄭᅴ오기를이러케애씀으로저희밋음을뵈임이

러라예수가그사ᄅᆞᆷ들이그만콤밋음을보시고그병인의
반신불슈병을곳친것보다더됴흔일을ᄒᆞ셧스니이는그
사ᄅᆞᆷ의죄를샤ᄒᆞ심이라그런고로하ᄂᆞ님이그사ᄅᆞᆷ의게
는노ᄒᆞ샤형벌ᄒᆞ시지아니시리라사ᄅᆞᆷ은죄를샤ᄒᆞ지못
ᄒᆞ고오직하ᄂᆞ님이능히ᄒᆞ시ᄃᆡ예수가능히이러케ᄒᆞ시
는거슨하ᄂᆞ님아ᄃᆞᆯ이오하ᄂᆞ님권능이잇는연고ㅣ라예
수가그병인ᄃᆞ려닐ᄋᆞ샤ᄃᆡ네죄가다샤ᄒᆞᆷ을엇엇다ᄒᆞ시
더라그ᄯᆡ그집에션ᄇᆡ라ᄒᆞᄂᆞᆫ사ᄅᆞᆷ들과바리새라ᄒᆞᄂᆞᆫ사
ᄅᆞᆷ들은착ᄒᆞᆫ사ᄅᆞᆷ이아니오거즛착ᄒᆞᆫ톄ᄒᆞᄂᆞᆫ사ᄅᆞᆷ이니다
른사ᄅᆞᆷ으로ᄒᆞ여곰제악ᄒᆞᆯᄯᆡ에착ᄒᆞᆫ줄노알게ᄒᆞ려ᄒᆞᄂᆞᆫ
거시라그사ᄅᆞᆷ들이예수가병인ᄃᆞ려네죄가샤ᄒᆞᆷ을엇엇
다ᄒᆞ심을듯고깃거아니ᄒᆞ야심즁에ᄆᆞᄋᆞᆷ이ᄉᆡᆼ각ᄒᆞᄃᆡ하
ᄂᆞ님과ᄀᆞᆺ치죄를샤ᄒᆞᆫ다ᄒᆞᄂᆞᆫ이가누구뇨ᄒᆞ니예수가그
사ᄅᆞᆷ들심즁에ᄉᆡᆼ각ᄒᆞᆷ을알으시고ᄀᆞᆯᄋᆞ샤ᄃᆡ엇지ᄒᆞ야너
히ᄆᆞ음에이런ᄉᆡᆼ각을ᄒᆞᄂᆞ뇨나ㅣ너희로ᄒᆞ여곰인ᄌᆞㅣ
사ᄅᆞᆷ의죄를용셔ᄒᆞᄂᆞᆫ권능이잇슴을보게ᄒᆞ리라ᄒᆞ시고
그병인ᄃᆞ려닐ᄋᆞ샤ᄃᆡ네발노니러나셔네요를가지
고네집으로도라가라고말ᄉᆞᆷ만ᄒᆞ심으로그사ᄅᆞᆷ을낫게
ᄒᆞ신지라즉시그병인이니러나셔제요를가지고모든사
ᄅᆞᆷ압헤나가니모든ᄇᆡ셩들이신긔히녁여ᄀᆞᆯᄋᆞᄃᆡ우리젼
에이런일을보지못ᄒᆞ엿다ᄒᆞ더라

뎨칠쟝

우리닑은바유대사ᄅᆞᆷ사는ᄯᅡ를이스라엘이라ᄒᆞ
ᄂᆞ니유대사ᄅᆞᆷ들이파로의게죵노릇ᄒᆞ던ᄋᆡ굽ᄯᅡ에셔나
온후에하ᄂᆞ님이이스라엘ᄯᅡ으로나오게ᄒᆞ시고그ᄯᅡ를

ᄎᆞ지ᄒᆞ게ᄒᆞ셧스니유대사ᄅᆞᆷ들이거긔셔수ᄇᆡᆨ년사랏고능히영원히복밧을수잇셧것마ᄂᆞᆫ그사ᄅᆞᆷ들이하ᄂᆞ님을거역ᄒᆞ고악ᄒᆞᆫ일을ᄒᆞᆫ고로하ᄂᆞ님이다른나라님금을보내샤유대국을형벌ᄒᆞ실ᄉᆡ그님금이군ᄉᆞ를거ᄂᆞ려유대사ᄅᆞᆷ과싸화셔이긔엿스니유대사ᄅᆞᆷ들이그나라님금을셤기여하인이되엿ᄂᆞ니라예수세샹에계실ᄯᅢ에유대사ᄅᆞᆷ들이로마국죵이되야그님금ᄒᆞ라ᄂᆞᆫ대로ᄒᆞᄂᆞᆫ지라그님금이유대사ᄅᆞᆷ들ᄃᆞ려돈을드리라ᄒᆞ매유대사ᄅᆞᆷ마다로마국에돈을드리니그님금이이스라엘ᄯᅡ에친히와셔돈을밧지아니ᄒᆞ고다른사ᄅᆞᆷ을보내여그돈을밧게ᄒᆞ니그사ᄅᆞᆷ을셰리라ᄒᆞ고그돈을부셰라ᄒᆞ더라예수가길가시다가마태라ᄒᆞᄂᆞᆫ셰리가부셰밧ᄂᆞᆫ집에안졋슴을보시고닐너ᄀᆞᆯᄋᆞ샤ᄃᆡ날과ᄀᆞᆺ치오라ᄒᆞ시니마태가니러나셔모든물건을ᄇᆞ리고예수와ᄀᆞᆺ치가니라셰리가후부쟈가되ᄂᆞ니마태가저잇던곳에잇셧스면돈을만히모화부쟈가되엿스련마ᄂᆞᆫ마태가가난ᄒᆞᆯ지라도예수와ᄀᆞᆺ치가기를즐겨ᄒᆞ야그ᄯᅢ브터예수와ᄀᆞᆺ치잇셔셔그데ᄌᆞ가되니라예수가예루살넴셩에가시니그셩에양문이란문이잇서양들이그문으로지나셩안에드러가더라그양문갓가이ᄒᆞᆫ웅덩이가잇스니일홈은베데스다웅덩이라ᄒᆞ더라ᄯᅩ웅덩이에도라가며다ᄉᆞᆺ뎡ᄌᆞ가잇스니그뎡ᄌᆞ에온갓병인들이만히모혓스니그병인들이거긔기ᄃᆞ리ᄂᆞᆫ연고ᄂᆞᆫ그웅덩이에물이잇다금누가젓고ᄒᆞᆫ드ᄂᆞᆫ것ᄀᆞᆺ치요동ᄒᆞᄂᆞᆫ지라그병인들ᄉᆡᆼ각에물요동ᄒᆞᆫ후에아모던지면져

드러가ᄂᆞᆫ사ᄅᆞᆷ이아모병이던지낫게될줄알미러라예수
가그웅덩이에오샤뎡즈에셔기ᄃᆞ리ᄂᆞᆫ불샹ᄒᆞᆫ병인들가
온대로ᄃᆞᆫ니시더니거긔셜흔여ᄃᆞᆲ히병든사ᄅᆞᆷ이잇셔약
ᄒᆞ야능히셔지못ᄒᆞᆫ매침샹에누엇더니예수가그사ᄅᆞᆷ이
그러케오래병든줄을알으시고불샹히너이샤ᄀᆞᆯᄋᆞ샤ᄃᆡ
너ㅣ가낫기를원ᄒᆞᄂᆞ냐ᄒᆞ시니그병인ᄉᆡᆼ각에ᄂᆞᆫ물에드
러가야저ㅣ가나흘줄알고ᄃᆡ답ᄒᆞ야ᄀᆞᆯᄋᆞᄃᆡ물이요동ᄒᆞᆫ
후에ᄂᆞᆫ나를도와웅덩이에드러가게ᄒᆞᄂᆞᆫ사ᄅᆞᆷ이업스니
나ㅣ가물에드러가려ᄒᆞ면다른사ᄅᆞᆷ이나보다먼져드러
가니나ᄂᆞᆫ가기너무늣다ᄒᆞ거ᄂᆞᆯ예수ㅣᄀᆞᆯᄋᆞ샤ᄃᆡ니러나
셔네침샹을가지고거러라ᄒᆞ시니그사ᄅᆞᆷ이즉시긔운이
나고병이아조나하니러나셔제침샹을가지고거러가더

라예수가니러케ᄒᆞᆫ신날이례ᄇᆡ일이러라유대사ᄅᆞᆷ들이
그병인이침샹을가지고가ᄂᆞᆫ거ᄉᆞᆯ보고그사ᄅᆞᆷᄃᆞ려말ᄒᆞ
ᄃᆡ례ᄇᆡ일에침샹을가지고가ᄂᆞᆫ거시그ᄅᆞ다ᄒᆞ니유대사
ᄅᆞᆷ들이이말ᄒᆞᄂᆞᆫ거ᄉᆞᆫ하ᄂᆞ님이닐ᄋᆞ샤ᄃᆡ례ᄇᆡ일에ᄂᆞᆫ일
ᄒᆞ지마라ᄒᆞᆫ신연고ㅣ라그러나이사ᄅᆞᆷ은례ᄇᆡ일에일ᄒᆞᆫ
거시아니여ᄂᆞᆯ유대사ᄅᆞᆷ이말ᄒᆞᄃᆡ너ㅣ가잘못ᄒᆞ엿다ᄒᆞ
니그사ᄅᆞᆷ이ᄃᆡ답ᄒᆞᄃᆡ나를곳친사ᄅᆞᆷ이나ᄃᆞ려침샹을가
지고거러가라ᄒᆞ더라ᄒᆞᆫᄃᆡ그사ᄅᆞᆷ들이무ᄅᆞᄃᆡ너ᄃᆞ려이
러케ᄒᆞ라닐ᄋᆞ던사ᄅᆞᆷ이누구뇨그사ᄅᆞᆷ이ᄀᆞᆯᄋᆞᄃᆡ예수라
ᄒᆞ니유대사ᄅᆞᆷ들이예수를칙망ᄒᆞ야ᄀᆞᆯᄋᆞᄃᆡ례ᄇᆡ일에사
ᄅᆞᆷ을곳치지아니ᄒᆞᆯ거시라ᄒᆞ고ᄯᅩᄀᆞᆯᄋᆞᄃᆡ예수가례ᄇᆡ일
에이령적흠으로하ᄂᆞ님을거역ᄒᆞ엿다ᄒᆞ고예수셰미우

셩내야죽이려ᄒᆞ거늘예수ㅣ유대사ᄅᆞᆷ의계말ᄉᆞᆷᄒᆞ야골ᄋᆞ샤ᄃᆡ하ᄂᆞ님이나를보내샤령젹을ᄒᆞ라ᄒᆞ셧다ᄒᆞ신ᄃᆡ유대사ᄅᆞᆷ들이하ᄂᆞ님이예수보내신거슬밋지아니ᄒᆞ더라예수말ᄉᆞᆷᄒᆞ야골ᄋᆞ샤ᄃᆡ나ㅣ가하ᄂᆞ님아ᄃᆞᆯ이오ᄯᅩ나ㅣ가병든사ᄅᆞᆷ을낫게ᄒᆞᆯ섇아니라죽은사ᄅᆞᆷ살게ᄒᆞᄂᆞᆫ권능이잇노라ᄒᆞ시고ᄯᅩ말ᄉᆞᆷᄒᆞ야골ᄋᆞ샤ᄃᆡ죽은사ᄅᆞᆷ들이내부ᄅᆞᄂᆞᆫ소ᄅᆡ를듯고무덤에셔니러날ᄯᆡ가잇스리니올흔일ᄒᆞᆫ사ᄅᆞᆷ은샹주고악ᄒᆞᆫ일ᄒᆞᆫ사ᄅᆞᆷ은형벌밧을곳으로보내리라ᄒᆞ시니라예수와뎨ᄌᆞ들이례ᄇᆡ일에밀밧흐로지나갈ᄉᆡ뎨ᄌᆞ들이밀이삭을ᄯᅳ셔손에부비여셥흘속에잇ᄂᆞᆫ밀을취ᄒᆞ니대개뎨ᄌᆞ들이시쟝ᄒᆞᆫ고로먹으려ᄒᆞᆷ이러라바리새사ᄅᆞᆷ들이그뎨ᄌᆞ들을보고베데스다웅덩이

복음요ᄉᆞ 뎨칠쟝 삼십일

에셔례ᄇᆡ일에예수가병인곳침으로척망ᄒᆞᆷ과ᄀᆞᆺ치ᄯᅩ척망ᄒᆞ야골ᄋᆞᄃᆡ너의뎨ᄌᆞ들이례ᄇᆡ일에일을ᄒᆞ엿다ᄒᆞ거늘예수ㅣ그사ᄅᆞᆷ들ᄃᆞ려닐ᄋᆞ샤ᄃᆡ나ㅣ가례ᄇᆡ일쥬인이로라ᄒᆞ시니예수ᄉᆡᆼ각에당신이례ᄇᆡ일에ᄒᆞ신일이올흔즉당신ᄒᆞ신일과뎨ᄌᆞ들ᄃᆞ려ᄒᆞ라ᄒᆞ신일을그사ᄅᆞᆷ들이척망ᄒᆞ지못ᄒᆞ리라ᄒᆞ심이러라다른례ᄇᆡ일에예수가ᄇᆡᆨ셩들모혀셩경보고긔도ᄒᆞᄂᆞᆫ회당에가시니거긔올흔손이곱으러져펴지못ᄒᆞᄂᆞᆫ사ᄅᆞᆷᄒᆞ나이왓거늘그회당에잇ᄂᆞᆫ션ᄇᆡ들과바리새사ᄅᆞᆷ들이예수가례ᄇᆡ일에사ᄅᆞᆷ을곳치ᄂᆞᆫ가직희니젼에ᄒᆞᆷ과ᄀᆞᆺ치예수를척망ᄒᆞ고져ᄒᆞᆷ이러라예수가그사ᄅᆞᆷ들의ᄯᅳᆺ을알으시고다른ᄇᆡᆨ셩보ᄂᆞᆫ곳에셔손곱으러진사ᄅᆞᆷᄃᆞ려니러셔라ᄒᆞ시고션ᄇᆡ와바리

새사ᄅᆞᆷ들의게말ᄉᆞᆷᄒᆞ야ᄀᆞᆯᄋᆞ샤ᄃᆡ만일레ᄇᆡ일에구뎡이에ᄲᅥ러지ᄂᆞᆫ양이잇스면녀ㅣ가붓잡어드러내지안켓ᄂᆞ나ᄯᅩ만일양의게착ᄒᆞᆫ게ᄒᆞᄂᆞᆫ거시올흘진ᄃᆡ사ᄅᆞᆷ의게착ᄒᆞ게ᄒᆞᄂᆞᆫ거시을마나더올켓ᄂᆞ뇨그러므로나ㅣ가너희ᄃᆞ려레ᄇᆡ일에올흔일ᄒᆞᄂᆞᆫ거시됴타니ᄋᆞ노라ᄒᆞ시고손곱으러진사ᄅᆞᆷᄃᆞ려닐ᄋᆞ샤ᄃᆡ네손을펴라ᄒᆞ시니그사ᄅᆞᆷ이손을펴니즉시나셔다ᄅᆞᆫ손과ᄀᆞᆺ더라그러므로바리새사ᄅᆞᆷ들이예수ᄭᅴ셩내여회당에나가셔예수죽이기를의논ᄒᆞ더라예수가이일을알으시고당신뎨ᄌᆞ와홈ᄭᅴ그ᄯᅡ를ᄯᅥ나샤가리리바다에오시니먼셩에사ᄂᆞᆫ여러ᄇᆡᆨ셩들이예수를ᄯᆞ롤시병들고다리절고샤귀들닌사ᄅᆞᆷ들이예수가믄지기만ᄒᆞ시면능히낫게되ᄂᆞᆫ고로예수를믄지려고들너모혀셧스니예수가그사ᄅᆞᆷ들을다곳치시니라그후에예수가적막ᄒᆞᆫ들에나가샤거긔셔밤시도록머무르시며하ᄂᆞ님ᄭᅴ긔도ᄒᆞ시고아ᄎᆞᆷ이되매뎨ᄌᆞ들을부르샤그즁에셔열두ᄉᆞ도를ᄀᆞᆯ희시니ᄉᆞ도ᄂᆞᆫᄉᆞ쟈와ᄀᆞᆺᄒᆞᆫᄯᅳᆺ이라예수가열두뎨ᄌᆞ를ᄉᆞ도라부르시ᄂᆞᆫ거ᄉᆞᆫᄇᆡᆨ셩의게ᄉᆞ쟈와ᄀᆞᆺ치보내여ᄇᆡᆨ셩을ᄀᆞᄅᆞ치게ᄒᆞ려ᄒᆞ신연고ㅣ라열두ᄉᆞ도의일홈은베드로와안드레아와야고보와요한과피립보와바돌노미와마태와알피오아들야고보와시몬과야고보의형유다와이시가료사ᄅᆞᆷ유다라예수가산에올나가샤거긔안진후에ᄇᆡᆨ셩을ᄀᆞᄅᆞ치실시엇더ᄒᆞᆫ사ᄅᆞᆷ들이츔락을엇ᄂᆞᆫ다ᄒᆞ시매이사ᄅᆞᆷ들이복밧ᄂᆞ니라ᄒᆞ시더라ᄯᅩᄀᆞᆯᄋᆞ샤ᄃᆡᄆᆞ음이가난ᄒᆞᆫ쟈ㅣ복밧ᄂᆞ니라사ᄅᆞᆷ이

악ᄒᆞᆫ일을ᄒᆞ엿슴으로불안ᄒᆞᆯᄯᅢ에교만ᄒᆞᆫᄆᆞ음을업시ᄒᆞ
여야제죄를회ᄀᆡᄒᆞ고하ᄂᆞ님씌용셔ᄒᆞ시기를구ᄒᆞᆯ거시
니라슬퍼ᄒᆞᄂᆞᆫ쟈ㅣ복밧ᄂᆞ니우리ᄂᆞᆫ근심이잇슴으로올
고슬퍼ᄒᆞᄂᆞ니우리근심잇슬ᄯᅢ에이거슬미ᄋᆞ어렵게녁
이나만일우리가우리죄ᄯᅢ문에근심ᄒᆞ면하ᄂᆞ님이우리
를어엿비녁이샤죄를용셔ᄒᆞ시고근심을업게ᄒᆞ시ᄂᆞ니
라온슌ᄒᆞᆫ쟈ㅣ복밧ᄂᆞ니라온슌ᄒᆞᆫ거손다른사ᄅᆞᆷ이우리
게무례ᄒᆞ고우리를해ᄒᆞ고저ᄒᆞᆯᄯᅢ에ᄎᆞᆷ고셩내지아니ᄒᆞ
ᄂᆞᆫ거시니예수가셰상에계실ᄯᅢ에악ᄒᆞᆫ사ᄅᆞᆷ들이예수씌
무례ᄒᆞ고사오납게ᄒᆞᆫ틔예수가그사ᄅᆞᆷ들의게착ᄒᆞ게ᄒᆞ
샤그사ᄅᆞᆷ들이당신씌ᄒᆞᆫ일을ᄎᆞᆷ으시고온슌ᄒᆞ게밧으시
니우리가예수뎨ᄌᆞ되기를원ᄒᆞᆯ진대맛당히예수와ᄀᆞᆺ게

ᄒᆞᆯ거시라올ᄒᆞᆫ일ᄒᆞ기에ᄇᆡ곱ᄒᆞ고목ᄆᆞᄅᆞ면복밧ᄂᆞ니예
수말ᄉᆞᆷ이우리가반ᄃᆞ시올ᄒᆞᆫ일을ᄒᆞ고하ᄂᆞ님즐겁게ᄒᆞ
기를ᄇᆡ곱ᄒᆞᆫᄯᅢ음식과목ᄆᆞᄅᆞᆫᄯᅢ물과ᄀᆞᆺ치원ᄒᆞ라ᄒᆞ심이
라만일우리가올ᄒᆞᆫ일ᄒᆞ기를그러케원ᄒᆞ면하ᄂᆞ님이우
리를도아셔ᄒᆞ게ᄒᆞ시ᄂᆞ니라다른사ᄅᆞᆷ을불샹히녁이ᄂᆞᆫ
쟈ㅣ복밧ᄂᆞ니다른사ᄅᆞᆷ들이쟝ᄎᆞᆺ그사ᄅᆞᆷ을불샹히녁이
리라불샹히녁이ᄂᆞᆫ거손착ᄒᆞ게ᄒᆞᄂᆞᆫ거시니하ᄂᆞ님이우
리ᄃᆞ려다른사ᄅᆞᆷ의게착ᄒᆞ게ᄒᆞ라ᄒᆞ셧스니우리가만일
그대로ᄒᆞ면하ᄂᆞ님이다른사ᄅᆞᆷ으로ᄒᆞ여곰우리게착ᄒᆞ
게ᄒᆞ시고ᄯᅩ하ᄂᆞ님도우리게착ᄒᆞ시리라우리가말못ᄒᆞ
ᄂᆞᆫ즘승의게도착ᄒᆞᆯ거시니그즘승들과우리를다하ᄂᆞ님
이내신거시니우리가그것들게사오납게ᄒᆞᆯᄯᅢ에하ᄂᆞ님

이즐거ᄒᆞ지아니시ᄂᆞ니라ᄆᆞ음이ᄆᆞᆰ은쟈ㅣ복밧ᄂᆞ니ᄆᆞᆰ은ᄆᆞ음은착ᄒᆞ고정ᄒᆞᆫᄆᆞ음이라우리가ᄆᆞᆰ은ᄆᆞ음으로나지못ᄒᆞ고악ᄒᆞᆫᄆᆞ음으로낫것마ᄂᆞᆫ하ᄂᆞ님셩신이우리ᄆᆞ음을변ᄒᆞ야ᄆᆞᆰ게ᄆᆞᆫᄃᆞ시고ᄯᅩ셩신이이러케ᄒᆞᆫ신후에하ᄂᆞ님이우리를당신아ᄃᆞᆯ을삼으시ᄂᆞ니라화목케ᄒᆞᄂᆞᆫ쟈ㅣ복밧ᄂᆞ니화목ᄒᆞ게ᄒᆞᄂᆞᆫ쟈ᄂᆞᆫ친히싸호지아니ᄒᆞ고다ᄅᆞᆫ사ᄅᆞᆷ의싸홈을말니고ᄯᅩ다ᄅᆞᆫ사ᄅᆞᆷ들이싸혼후에다시친ᄒᆞ게ᄒᆞᄂᆞ니라

뎨팔쟝 예수ㅣ골ᄋᆞ샤ᄃᆡ녀ㅣ가나의뎨ᄌᆞ된고로ᄇᆡᆨ셩이친ᄒᆞ지아니ᄒᆞ고악ᄒᆞ게ᄒᆞᆯ때에맛당히근심ᄒᆞ고원망ᄒᆞ지말거시오깃버ᄒᆞ라ᄒᆞ시니우리가단일셰샹에셔살때에예수ᄅᆞᆯ위ᄒᆞ야악ᄒᆞᆫ일을ᄎᆞᆷ으면텬당에올나간후에하

ᄂᆞ님이우리게됴흔거ᄉᆞᆯ주시ᄂᆞ니라그러므로우리가예수ᄅᆞᆯ위ᄒᆞ야악ᄒᆞᆫᄃᆡ졉밧ᄂᆞᆫ거ᄉᆞᆯ맛당히ᄎᆞᆷ을거시니라ᄯᅩ우리만이러케ᄃᆡ졉밧ᄂᆞᆫ거시아니라녯적에하ᄂᆞ님이보내신션지쟈들도악ᄒᆞᆫᄃᆡ졉을밧엇ᄂᆞ니라우리가ᄇᆞᆫ바션ᄇᆡ들과바리새사ᄅᆞᆷ들은거ᄌᆞᆺ착ᄒᆞᆫ쟈ㅣ니ᄆᆞ음은악ᄒᆞᄃᆡ다ᄅᆞᆫ사ᄅᆞᆷ으로ᄒᆞ야곰착ᄒᆞᆫ줄노알게ᄒᆞ고저ᄒᆞᄂᆞᆫ사ᄅᆞᆷ들이라예수가뎨ᄌᆞ들ᄃᆞ려닐너골ᄋᆞ샤ᄃᆡ너희가션ᄇᆡ들과바리새사ᄅᆞᆷ들보다낫지아니ᄒᆞ면텬국에가지못ᄒᆞᆯ거시니그사ᄅᆞᆷ들과ᄀᆞᆺ게ᄒᆞ지말지어다ᄯᅩᄇᆡᆨ셩들의게말ᄉᆞᆷᄒᆞ야골ᄋᆞ샤ᄃᆡ녜희션싱들은너희ᄃᆞ려닐ᄋᆞᄃᆡ만일너희가다ᄅᆞᆫ사ᄅᆞᆷ을죽이면형벌밧ᄂᆞᆫ위ᄐᆡ흠이되리라ᄒᆞᄃᆡ나ᄂᆞᆫ너희들ᄃᆞ려닐ᄋᆞ노니너희가만일너희게해홈이업ᄂᆞᆫ사

롬의게셩내기만ᄒᆞ면너희가형벌밧ᄂᆞᆫ위티ᄒᆞᆷ이되리라ᄯᅩ뎨ᄌᆞ들ᄃᆞ려닐너ᄀᆞᆯᄋᆞ샤ᄃᆡ너ㅣ가셩뎐에올나가하ᄂᆞ님ᄭᅴ례비ᄒᆞᆯ새다ᄅᆞᆫ사ᄅᆞᆷ의게잘못ᄒᆞ엿ᄂᆞᆫ가ᄉᆡᆼ각ᄒᆞᆯ거시니놈의거ᄉᆞᆯ가젓ᄂᆞᆫ가놈의게거ᄌᆞᆺ말ᄒᆞ엿ᄂᆞᆫ가놈을다ᄅᆞᆫ일에해롭게ᄒᆞ엿ᄂᆞᆫ가ᄉᆡᆼ각ᄒᆞ야만일잘못ᄒᆞᆫ일이잇거든맛당히그사ᄅᆞᆷ의게가셔올케ᄒᆞᆯ거시니ᄆᆞᄋᆞᆷ에회ᄀᆡ치아니ᄒᆞᄂᆞᆫ죄가잇스면하ᄂᆞ님이그긔도를듯지아니ᄒᆞ시ᄂᆞ니라우리가모든일ᄒᆞ고말ᄒᆞᄂᆞᆫᄃᆡ졍결ᄒᆞ고착ᄒᆞ게ᄒᆞᆯ거시오간샤ᄒᆞ고악ᄒᆞᆫᄉᆡᆼ각도말거시니만일하ᄂᆞ님이우리가졍결치아니ᄒᆞᆫᄉᆡᆼ각ᄒᆞᆷ으로깃거아니ᄒᆞ실진대우리가졍결치못ᄒᆞᆫ말과ᄒᆡᆼ실을ᄒᆞ면하ᄂᆞ님이엇더케노ᄒᆞ시겟ᄂᆞ뇨다ᄅᆞᆫ사ᄅᆞᆷ이우리게무졍이ᄒᆞᆯ새에우리가그사ᄅᆞᆷ의

게무졍이ᄒᆞ지말고착ᄒᆞ게ᄒᆞ며사ᄅᆞᆷ을위ᄒᆞ야긔도ᄒᆞᆯ거시니우리가텬당에계신아바지가당신을슌죵ᄒᆞ고공경ᄒᆞ지안ᄂᆞᆫ사ᄅᆞᆷ의게도착ᄒᆞ게ᄒᆞ심과ᄀᆞᆺ치ᄒᆞᆯ거시니라예수ㅣᄯᅩ뎨ᄌᆞ들ᄃᆞ려닐ᄋᆞ샤ᄃᆡ너ㅣ가착ᄒᆞᆫ일을ᄒᆞᆯ새다ᄅᆞᆫ사ᄅᆞᆷ이보고칭찬ᄒᆞ기만위ᄒᆞ지말지어다너ㅣ가올흔일ᄒᆞᄂᆞᆫ거시칭찬듯기만위ᄒᆞ야ᄒᆞᆯ거시아니오하ᄂᆞ님이깃거ᄒᆞ시기를위ᄒᆞ야ᄒᆞᆯ거시니라너ㅣ가가난ᄒᆞᆫ사ᄅᆞᆷ의게돈을주고두루ᄃᆞᆫ니며다ᄅᆞᆫ사ᄅᆞᆷ의게닐ᄋᆞ고자랑ᄒᆞ지말며긔도ᄒᆞᆯ새에바리새사ᄅᆞᆷ들과ᄀᆞᆺ치말나ᄯᅢ개바리새사ᄅᆞᆷ들은ᄒᆞᆼ샹길에나와긔도ᄒᆞ야다ᄅᆞᆫ사ᄅᆞᆷ으로ᄇᆞᆯ니고착ᄒᆞᆫ줄알게ᄒᆞ고저ᄒᆞᆷ이러라예수뎨ᄌᆞ들은맛당히하ᄂᆞ님밧긔듯지못ᄒᆞᆯ곳에셔긔도ᄒᆞᆯ거시니하ᄂᆞ님이그긔도를

듯고ᄃᆡ답ᄒᆞ시ᄂᆞ니라ᄯᅩ골ᄋᆞ샤ᄃᆡ우리가이셰샹에셔부쟈되야돈만히가지기를원ᄒᆞ지말고텬당에지물을둘거시라ᄒᆞ시더라우리가텬당에돈을둔다ᄒᆞᄂᆞᆫ거시아니오우리가텬당에셔ᄂᆞᆫ돈을쓰지아니ᄒᆞ리니텬당에셔우리즐거ᄒᆞᄂᆞᆫ거시이셰샹의돈으로능히사ᄂᆞᆫ것보다더만ᄒᆞ리라ᄯᅩᄇᆡᆨ셩의게말ᄉᆞᆷᄒᆞ샤ᄃᆡ녀ㅣ가하ᄂᆞ님과사탄을ᄀᆞᆺ치셤기지못ᄒᆞ리라ᄒᆞ시니우리가그러케ᄒᆞᆯ수업ᄂᆞᆫ거슨만일하ᄂᆞ님을슌죵ᄒᆞ면올흔일을ᄒᆞ려니와사탄을슌죵ᄒᆞ면그른일을ᄒᆞᆯ거시니그러므로ᄀᆞᆺ치셤길수가업스니맛당히ᄒᆞ나흘굴히여셤길지니라ᄯᅩ뎨ᄌᆞ들ᄃᆞ려닐ᄋᆞ샤ᄃᆡ녀ㅣ가다른사ᄅᆞᆷ을판단ᄒᆞ지마라ᄒᆞ시니우리가다른사ᄅᆞᆷ을나물ᄒᆞ고칙망ᄒᆞ기를조심ᄒᆞᆯ거시라혹그사ᄅᆞᆷ이우리나물ᄒᆞᄂᆞᆫ일을ᄒᆞ지아니ᄒᆞ엿ᄂᆞᆫ지혹ᄒᆞ엿스나해로올줄을모로고ᄒᆞ엿ᄂᆞᆫ가우리ᄂᆞᆫᄂᆞᆷ의ᄆᆞ음을볼수가업고ᄯᅩ그사ᄅᆞᆷ이그일ᄒᆞᆯᄯᅢ에엇더케ᄉᆡᆼ각ᄒᆞ엿ᄂᆞᆫ지알수가업스ᄃᆡ오직하ᄂᆞ님은아시고ᄉᆞᆨ지ᄅᆞᆷᄒᆞ지아니ᄒᆞ시ᄂᆞ니라ᄯᅩ우리가다른사ᄅᆞᆷ을나물ᄒᆞ던일을ᄒᆞᆫ이ᄒᆞᄂᆞ니예수말ᄉᆞᆷ이우리가잘못ᄒᆞᄂᆞᆫ일을맛당히몬져ᄀᆞᆺ치고후에다른사ᄅᆞᆷ을칙망ᄒᆞᆯ수잇다ᄒᆞ시니라ᄯᅩ듯ᄂᆞᆫᄇᆡᆨ셩들의게닐너골ᄋᆞ샤ᄃᆡ우리가다른사ᄅᆞᆷ이우리의게ᄒᆞ기를원ᄒᆞᄂᆞᆫ거슬반ᄃᆞ시뎌들의게ᄒᆞᆯ거시니우리가다른사ᄅᆞᆷ이우리의게착ᄒᆞ고올케ᄃᆡ졉ᄒᆞ기를원ᄒᆞᆯ진대맛당히그사ᄅᆞᆷ들을착ᄒᆞ고올케ᄃᆡ졉ᄒᆞᆯ거시니라ᄯᅩᄇᆡᆨ셩들의게말ᄉᆞᆷᄒᆞ샤ᄃᆡ좁은문으로드러가기를시험ᄒᆞ라대개광대ᄒᆞᆫ문과넓은길

은멸망ᄒᆞᄂᆞᆫ딕로인도ᄒᆞᄂᆞᆫ거시라예수가좁은문으로텬
당에올나가ᄂᆞᆫ길를비ᄒᆞ신거시오넓은문으로디옥가ᄂᆞᆫ
길을비ᄒᆞᆫ거시라허다ᄒᆞᆫ사ᄅᆞᆷ이넓은문으로갓시ᄃᆡ좁은
문울ᄎᆞ저셔됴흔길로드러가려고신고ᄒᆞᄂᆞᆫ사ᄅᆞᆷ은만치
아니ᄒᆞ니라예수ㅣ이말ᄉᆞᆷᄒᆞ신거시당신울쥬ㅣ라부ᄅᆞ
ᄂᆞᆫ사ᄅᆞᆷ이다텬당에드러감이아니오오직텬당에계신아
바지를슌죵ᄒᆞᄂᆞᆫ사ᄅᆞᆷ만능히드러가ᄂᆞ니라그러케ᄒᆞ지
아니ᄒᆞᆫ여러사ᄅᆞᆷ들은심판ᄒᆞᄂᆞᆫ날에예수ᄭᅴ와셔쥬야쥬
야부ᄅᆞ며ᄀᆞᆯᄋᆞᄃᆡ예수를위ᄒᆞ야일ᄒᆞ엿ᄂᆞ니다ᄒᆞ고ᄯᅩ다
ᄅᆞᆫ사ᄅᆞᆷ의게예수를닐ᄋᆞᆺ노라ᄒᆞ여도예수가그사ᄅᆞᆷ들의
게쟝ᄎᆞ녀희가죵리나의츰뎨ᄌᆞㅣ아니라닐ᄋᆞ시고모든
악ᄒᆞᆫ빅셩과ᄀᆞᆺ치내보내시리라ᄯᅩ예수가두사ᄅᆞᆷ이각각
집짓ᄂᆞᆫ것ᄉᆞ로말ᄉᆞᆷᄒᆞ샤ᄃᆡᄒᆞᆫ사ᄅᆞᆷ은실팍ᄒᆞᆫ바회를골나
그우혜제집울지엿스니다지은후에큰풍우가집을부ᄃᆡᆺ
치ᄃᆡ집밧친바회를옴죽이지못ᄒᆞ고바ᄅᆞᆷ이부러도밀치
지못ᄒᆞ매그집이견고히서셔풍우가해ᄒᆞ지못ᄒᆞ고ᄯᅩᄒᆞᆫ
사ᄅᆞᆷ은모래밧ᄭᅴ아모것도업ᄂᆞᆫ곳에제집을지엿더니그
풍우가집울부ᄃᆡᆺ치매비ᄂᆞᆫ밋헤모래를파고바ᄅᆞᆷ은집을
거ᄉᆞ려부니그집이문어젓ᄂᆞ니라ᄒᆞ시니예수말ᄉᆞᆷ이당
신이닐ᄋᆞ시ᄂᆞᆫ말ᄉᆞᆷ을좃ᄂᆞᆫ사ᄅᆞᆷ은바회우헤집지은슬긔
로은사ᄅᆞᆷ과ᄀᆞᆺ고당신을거역ᄒᆞᄂᆞᆫ사ᄅᆞᆷ은모래우헤집지
은어리석은사ᄅᆞᆷ과ᄀᆞᆺᄒᆞ니그두사ᄅᆞᆷ으로착ᄒᆞ고악ᄒᆞᆫ사
ᄅᆞᆷ들울비ᄒᆞ신거시오풍우가집을치ᄂᆞᆫ거ᄉᆞ로심판ᄒᆞᄂᆞᆫ
날을비ᄒᆞ시니라예수가베나옴에다시오시니거긔사ᄂᆞᆫ

혼사름이로마국군ᄉᆞ의빅부쟝이라그빅부쟝이혼ᄉᆞ랑
ᄒᆞᄂᆞᆫ하인이잇더니그하인이병들어죽게되엿ᄂᆞᆫ지라빅
부쟝이예수가병인ᄃᆞ려나흐라말ᄉᆞᆷ만ᄒᆞ셔도능히낫게
ᄒᆞ신거슬드럿ᄂᆞᆫ지라예수ㅣ그셩에오심을듯고제친구
유대사름즁에슈두를보내여예수ᄭᅴ제하인을낫게ᄒᆞ시
기를쳥ᄒᆞᆫ매그사름들이예수ᄭᅴ와셔빌어ᄀᆞᆯᄋᆞ티그빅부
쟝이비록유대사름이아니오로마국사름이나착ᄒᆞᆫ고ᄯᅩ
제돈으로회당을지엇스니유대사름의게어질게ᄒᆞ엿ᄂᆞ
니다예수가그사름들과ᄀᆞᆺ치빅부쟝의집으로가실ᄉᆡ집
에ᄀᆞᆺ가이가실ᄯᆡ에빅ᄂᆞᆨ쟝이ᄯᅩ제친구들을예수ᄭᅴ젼갈
로보내엿스니그빅부쟝이예수ᄭᅴ와셔친히말ᄒᆞ지못홈
은제ᄉᆡᆼ각에블감홈이러라말로젼갈ᄒᆞ야ᄀᆞᆯᄋᆞ티예수ᄭᅴ

셔제집에오시기ᄂᆞᆫ제ᄆᆞ음에블감ᄒᆞᆫ매오실것업시제하
인이나흐리라말ᄉᆞᆷ만ᄒᆞ셔도뎡녕나흘줄알고그빅부쟝
이제말을좃ᄂᆞᆫ군ᄉᆞ들이잇스니아모티라도가라ᄒᆞ면군
ᄉᆞ가가고다른군ᄉᆞ를오라ᄒᆞ면오ᄂᆞ니그군ᄉᆞ들이제말
좃ᄂᆞᆫ것과ᄀᆞᆺ치그병이제하인의게셔나갈줄밋ᄂᆞ니다ᄒᆞ
엿더라예수가그젼갈을드ᄅᆞ시고깃버ᄒᆞ샤ᄀᆞᆯᄋᆞ샤티나
ㅣ이러케밋ᄂᆞᆫ사름을보지못ᄒᆞ엿노라그사름이나를밋
ᄂᆞᆫ고로저의하인이나흐리라ᄒᆞ시더니빅부쟝의친구들
이그집에드러가니그하인이나핫더라
뎨구쟝 다음날에예수가나인이라ᄒᆞᄂᆞᆫ셩문갓가이오실
ᄉᆡ에힝상에죽은사름을메고나오ᄂᆞᆫ빅셩들을맛나시니
그사름이뫼로뭇치러가더라그사름이제어미의외아들

이오제어미ᄂᆞᆫ과부가되엿더라그ᄯᅢ그어미ᄒᆡᆼ샹뒤에ᄯᅡ라가며울고ᄯᅩ그셩에사ᄂᆞᆫ여러ᄇᆡᆨ셩들이ᄀᆞᆺ치가더니예수가그녀인이우ᄂᆞᆫ거슬보시고불샹히넉이샤울지마라닐ᄋᆞ시고녀인의아ᄃᆞᆯ뉘인ᄒᆡᆼ샹에가셔ᄆᆞᆫ지시니메고가ᄂᆞᆫ사ᄅᆞᆷ들이머믈고셧더라예수ㅣ말ᄉᆞᆷᄒᆞ샤ᄃᆡ졂은사ᄅᆞᆷ아나ㅣ네게말ᄒᆞᄂᆞ니이러나라ᄒᆞ시니그죽엇던사ᄅᆞᆷ이다시살아나셔이러셔며비로소말ᄒᆞᄂᆞᆫ지라예수가제어미의게주시니그ᄇᆡᆨ셩들이죽은사ᄅᆞᆷ이살아이러남을보고두려워ᄒᆞ며ᄀᆞᆯᄋᆞᄃᆡ예수ᄂᆞᆫ놉흔션지쟈요하ᄂᆞ님이우리게보내셧도다ᄒᆞ더라그후에예수가그동네와셩에가샤거긔사ᄂᆞᆫᄇᆡᆨ셩들의게젼도ᄒᆞ실ᄉᆡ열두뎨ᄌᆞ들이ᄀᆞᆺ치ᄃᆞᆫ니더라셰샹에잇ᄂᆞᆫ물건이모도예수의거시니능히부쟈되련마ᄂᆞᆫ가난ᄒᆞᆷ과형벌과근심ᄋᆞᆯ밧기ᄅᆞᆯᄀᆞᆯᄒᆡ신거ᄉᆞᆫ우리로ᄒᆞ여곰텬당에셔영원히즐겁게ᄒᆞ심이라예수ᄭᅦ셔병과악귀곳친녀인들이예수가쓰시ᄂᆞᆫ쓸건ᄋᆞᆯ드리니ᄒᆞᆫ녀인의일홈은막다렌에마리아요ᄯᅩᄒᆞᆫ녀인의일홈은요안나요ᄯᅩ그외의여러녀인들이예수ᄅᆞᆯ돕더라허다ᄒᆞᆫᄇᆡᆨ셩들이예수ᄭᅦ돌녀모히여예수ᄒᆞ시ᄂᆞᆫ말ᄉᆞᆷᄋᆞᆯ드ᄅᆞᆯ시예수가ᄒᆞᆫ비유로말ᄉᆞᆷᄒᆞ시니누구던지하ᄂᆞ님ᄋᆞᆯ슌종ᄒᆞ나아니ᄒᆞ나부쟈만되면복잇ᄂᆞᆫ줄로아ᄂᆞᆫ사ᄅᆞᆷ이엇더케어리셕고악ᄒᆞᆫ거ᄉᆞᆯ알게ᄒᆞ신거시라그비유에ᄒᆞᆫ사ᄅᆞᆷ이곡식밧과실과동산이잇스니곡식과실과가다닉은후에그사ᄅᆞᆷ의하인이가셔거두어가저오니그밧헤잇ᄂᆞᆫ거시ᄆᆡ우만ᄒᆞ매광에다담ᄋᆞᆯ수업ᄂᆞᆫ지라그사ᄅᆞᆷ이ᄒᆞᆫ쟈ᄉᆡᆼ각

ᄒᆞᄃᆡ내곡식과실과를담을광이업스니나ㅣ가쟝ᄎᆞᆺ엇지
ᄒᆞᆯ고또혼쟈ᄃᆡ답ᄒᆞᄃᆡ내팡을헐고크게짓고거긔곡식과
실과를두리라그러ᄒᆞ면나ㅣ가부쟈가되고여러ᄒᆡ쓸거
시잇스니새소원대로ᄒᆞ리라ᄒᆞ더니그사름이그ᄉᆡᆼ각ᄒᆞᆫ
후에즉시하ᄂᆞ님이그사름ᄃᆞ려닐ᄋᆞ샤ᄃᆡ너ㅣ가어리셕
은사름이로다너ㅣ가오날밤에죽을거시니져축ᄒᆞ야둔
여러ᄒᆡ쓸거ᄉᆞᆯ누가가질고ᄒᆞ시더라예수가이말ᄉᆞᆷᄒᆞ신
ᄯᅳᆺ은하ᄂᆞ님ᄭᅴ쥴접게ᄒᆞ기는ᄉᆡᆼ각지아니ᄒᆞ고이셰샹에
셔부쟈되는것만아는사름들은이비유에말ᄉᆞᆷᄒᆞ신사름
과ᄀᆞᆺ치의외에죽어셔제ᄌᆡ물을다른사름의게젼슈ᄒᆞ고
저는져축ᄒᆞᆫᄌᆡ물업는곳으로가더라ᄒᆞ시니라예수가뎨
ᄌᆞ들ᄃᆞ려닐ᄋᆞ샤ᄃᆡ가난ᄒᆞ야먹을음식과입을옷시업슴

을근심ᄒᆞ지마라새는밧헤곡식을갈지아니ᄒᆞᄃᆡᄒᆞᆼ샹먹
을거시넉넉ᄒᆞᆫ거ᄉᆞᆫ하ᄂᆞ님이먹이시는연고요ᄭᅩᆺᄉᆞᆫ사름
과ᄀᆞᆺ치일ᄒᆞ지안코의복을짓지아니ᄒᆞᄃᆡ아름다온빗치
잇서님금의옷보다더고ᄒᆞ니하ᄂᆞ님이대단치아니ᄒᆞᆫᄭᅩᆺ
의게관의복을주실진대너ㅣ가지금나밋기를두려ᄒᆞ나
하ᄂᆞ님이네옷ᄉᆞᆯ주시리라그러므로예수가ᄇᆡᆨ셩들ᄃᆞ려
닐ᄋᆞ샤ᄃᆡ텬당에계신너희아바지가너희쓸거ᄉᆞᆯ알으시
는고로먹을음식과닙을옷시업슴을두려워ᄒᆞ지마라그
러나너희가하ᄂᆞ님슌죵ᄒᆞ기를조심ᄒᆞ여야하ᄂᆞ님이너
희를당신아ᄃᆞᆯ을삼으시고너희쓰는모든거ᄉᆞᆯ주시리라
예수가가리리바다ᄀᆞ에가실ᄉᆡ여러ᄇᆡᆨ셩들이예수ᄭᅴ오
매예수가젼에ᄒᆞ심과ᄀᆞᆺ치ᄇᆡ에드러가안ᄌᆞ샤ᄒᆡ변에셧

ᄂᆞᆫ빅셩들을ᄀᆞᄅᆞ치실ᄉᆡ농부가밧헤씨시무ᄂᆞᆫ비유로말ᄉᆞᆷᄒᆞ시니농부가씨ᄲᅮ릴ᄯᆡ씨가혹길에사ᄅᆞᆷ들왕리ᄒᆞᄂᆞᆫᄃᆡᄯᅥ러져셔ᄡᅡ히ᄃᆞᆫᄃᆞᆫᄒᆞᆫ고로ᄲᅮᆯ히가박히지못ᄒᆞ고ᄡᅡ거죡에잇ᄂᆞᆫ지라새가즉시주어먹고엇던씨ᄂᆞᆫ흙이젹은돌ᄡᅡ에ᄯᅥ러져셔급히나ᄃᆡᄲᅮᆯ히박힐틈이업ᄂᆞᆫ고로즉시믈나죽고엇던씨ᄂᆞᆫ풀과가싀가온대ᄯᅥ러져셔풀과가싀가더속히ᄌᆞ라ᄂᆞᆫ고로싹을가리워죽이고그나믄씨ᄂᆞᆫ됴흔ᄡᅡ에ᄯᅥ러지매비가나리고ᄒᆡ가빗최니그씨가나셔곡식이뎨일잘되ᄂᆞ니라예수가뎨ᄌᆞ들노만더부러계실ᄯᆡ뎨ᄌᆞ들이이비유ᄯᅳᆺ슬무ᄅᆞ니예수ㅣᄇᆞᆰ히여말ᄉᆞᆷᄒᆞ시ᄃᆡ그농부가씨시무ᄂᆞᆫ거ᄉᆞᆫ나ㅣ가빅셩들을ᄀᆞᄅᆞ치ᄂᆞᆫ말에비ᄒᆞᆫ거시니엇던빅셩이내말을좃지아니ᄒᆞᄂᆞᆫ쟈ᄂᆞᆫ씨잘나

지아니ᄒᆞᄂᆞᆫ길에ᄃᆞᆫᄃᆞᆫᄒᆞᆫᄡᅡ와돌ᄡᅡ와가싀와풀잇ᄂᆞᆫ밧과ᄀᆞᆺ고내말을듯고좃ᄂᆞᆫ빅셩은곡식이ᄲᅮᆯ히박히여나ᄂᆞᆫ됴ᄒᆞᆫᄡᅡ와ᄀᆞᆺᄒᆞ니예수말ᄉᆞᆷ은씨요빅셩의ᄆᆞᄋᆞᆷ은ᄡᅡ이라그ᄡᅡ은우리ᄆᆞᄋᆞᆷ의비ᄒᆞᆫ거시니우리가예수말ᄉᆞᆷ을비홀ᄯᆡ에그말ᄉᆞᆷ이우리ᄆᆞᄋᆞᆷ에시무ᄂᆞᆫ거시라만일그말ᄉᆞᆷ을듯고좃지아니ᄒᆞ면피악ᄒᆞ고돌ᄡᅡ와ᄀᆞᆺ고만일우리가슌죵ᄒᆞ면씨가ᄲᅮᆯ히박히여ᄌᆞ라셔결실을만히ᄒᆞᄂᆞᆫᄡᅡ와ᄀᆞᆺᄒᆞ니라예수가ᄒᆞᆫ사ᄅᆞᆷ이밧헤밀을시무ᄂᆞᆫ거슬비유ᄒᆞ야말ᄉᆞᆷᄒᆞ시니그하인들이밀을시무고일을다ᄒᆞᆫ후에누어자더니ᄒᆞᆫ원수가밧헤와셔ᄀᆞ라지ᄅᆞᆯ시문지라그하인들은아지못ᄒᆞ고원수ᄂᆞᆫᄃᆞ라낫더니여러날후에밀이날ᄯᆡ에하인들이밧헤가보니밀틈에ᄀᆞ라지가낫거ᄂᆞᆯ하인들이

놀나쥬인의집에도라와셔말ᄒᆞᄃᆡ그밧헤시문씨가됴흔씨가아니잇가쥬인이ᄃᆡ답ᄒᆞᄃᆡ됴흔씨라하인들이ᄀᆞᆯᄋᆞᄃᆡ그러면ᄀᆞ라지가엇지밀틈에낫ᄂᆞ잇가쥬인이누가그러케ᄒᆞᆫ줄알고ᄃᆡ답ᄒᆞ야ᄀᆞᆯᄋᆞᄃᆡ흔원수가밧헤와셔ᄀᆞ라지를심엇도다하인들이무르ᄃᆡ우리가그ᄀᆞ라지를ᄲᆞᆸ으리잇가쥬인이ᄀᆞᆯᄋᆞᄃᆡ그리ᄒᆞ지마라너희들이그ᄀᆞ라지를ᄲᆞᆸ으려ᄒᆞ면밀도ᄲᆞᆸ힐거시니ᄀᆞ라지와밀을거둘ᄯᅢᄭᆞ지흠ᄭᅴ두라나ㅣ일군ᄃᆞ려닐너셔밀을빌ᄯᅢ에ᄀᆞ라지를먼져거두어단으로묵거셔불ᄉᆞ로고밀은광에잘두라ᄒᆞ리라ᄒᆞ더라예수가뎨ᄌᆞ들의게이비유를ᄇᆞᆰ히시ᄃᆡ밀파ᄀᆞ라지ᄂᆞᆫ이셰샹에잇ᄂᆞᆫᄇᆡᆨ셩의게비흔거시니밀은착흔ᄇᆡᆨ셩이오ᄀᆞ라지ᄂᆞᆫ악흔ᄇᆡᆨ셩이오원수ᄂᆞᆫᄇᆡᆨ셩의ᄆᆞ음에악흔ᄉᆡᆼ각을넛코악흔일을ᄒᆞ게유인ᄒᆞᄂᆞᆫ사탄의게비흔거시니착ᄒᆞᆫ고악흔ᄇᆡᆨ셩이심판ᄒᆞᄂᆞᆫ날ᄭᆞ지ᄀᆞᆺ치이셰샹에살다가하ᄂᆞ님이텬신을보내샤착흔ᄇᆡᆨ셩은텬당으로ᄃᆞ려가고악흔ᄇᆡᆨ셩은형벌밧을곳으로보내시ᄂᆞ니라

뎨십쟝 예수가씨중에뎨일져근겨ᄌᆞ씨로비유ᄒᆞ야말ᄉᆞᆷᄒᆞ시ᄃᆡ흔사ᄅᆞᆷ이겨ᄌᆞ씨를ᄯᅡ에ᄉᆡ무면겨ᄌᆞ가나셔나무가되야그가지에새가안즐만치크ᄂᆞ니우리가하ᄂᆞ님을ᄉᆞ랑ᄒᆞᄂᆞᆫ거시처음에미우적은고로겨ᄌᆞ씨와ᄀᆞᆺᄒᆞ니다우리가하ᄂᆞ님을공경ᄒᆞ고슌종ᄒᆞ면ᄉᆞ랑ᄒᆞᄂᆞᆫᄆᆞᄋᆞᆷ이ᄌᆞ라고힘이잇셔하ᄂᆞ님ᄉᆞ랑ᄒᆞ기를다른사ᄅᆞᆷᄉᆞ랑ᄒᆞᄂᆞᆫ것보다더ᄒᆞ기에니ᄅᆞ고ᄯᅩ하ᄂᆞ님깃부시게ᄒᆞ기를더힘쓰ᄂᆞ니라예수가ᄯᅥᆨ믄ᄃᆞᄂᆞᆫ술로말ᄉᆞᆷᄒᆞ시ᄃᆡ흔녀인

이ᄆᆞ로로ᄯᅥᆨ을ᄆᆞᆫᄃᆞᆯ세에ᄆᆞ로ᄒᆞᆫ곳에만그술을부어덥허두면잠깐동안에술이왼ᄆᆞ로에퍼여셔ᄆᆞ로ᄅᆞᆯ변ᄒᆞᆫ후에구면가비얍고됴ᄒᆞᆫᄯᅥᆨ이되ᄂᆞ니셩신이우리ᄆᆞ음에오시ᄂᆞᆫ거시이와ᄀᆞᆺᄒᆞ니젼에잇던모든악ᄒᆞᆫᄆᆞ음을변ᄒᆞ야죄ᄅᆞᆯ업게ᄒᆞ고ᄆᆞ음을새롭게ᄒᆞ고ᄭᆡᆨᄒᆞ고ᄭᆡᄭᅳᆺᄒᆞ게ᄒᆞ시ᄂᆞᆫ니라예수가젼쥬ᄅᆞᆯ사고파ᄂᆞᆫ쟝ᄉᆞᄅᆞᆯ비유ᄒᆞ야말ᄉᆞᆷᄒᆞ시니ᄒᆞᆫ쟝ᄉᆞ가젼쥬사기ᄅᆞᆯ구ᄒᆞ더니나죵에ᄒᆞᆫ젼쥬ᄅᆞᆯ보니젼에보던것보다미우아ᄅᆞᆷ다오나임자가갑슬ᄆᆡ우만히달나ᄒᆞᄂᆞᆫ고로그쟝ᄉᆞ가그것사기에돈이넉넉지못ᄒᆞᄆᆡ제게잇ᄂᆞᆫ물건을다ᄑᆞ라셔그갑만ᄒᆞᆫ젼쥬ᄅᆞᆯ샷스니그젼쥬ᄅᆞᆯ다ᄅᆞᆫ물건보다가지기ᄅᆞᆯ더원ᄒᆞᆫ연고ㅣ라제죄용셔되기원ᄒᆞᄂᆞᆫ사ᄅᆞᆷ들이이러케ᄒᆞᆯ지니죄가용셔되기젼에

ᄂᆞᆫ복밧지못ᄒᆞᆫ매하ᄂᆞ님노ᄒᆞ시ᄂᆞᆫ일을긋처야능히하ᄂᆞ님씌가셔죄용셔되기ᄅᆞᆯ쳥ᄒᆞᆯ거시니하ᄂᆞ님이금ᄒᆞ신일을긋치기젼에ᄂᆞᆫ비록원ᄒᆞ고쳥ᄒᆞ야도하ᄂᆞ님씌죄용셔되기ᄅᆞᆯ바랄수가업ᄂᆞᆫ이라예수가데ᄌᆞ들의게그물노싱션잡ᄂᆞᆫ어부ᄅᆞᆯ비유ᄒᆞ야말ᄉᆞᆷᄒᆞ시니어부들이그물을가지고ᄇᆡᄅᆞᆯ저어셔가ᄂᆞᆫ대로그물을물에넛코ᄭᅳᆯ며ᄇᆡᄅᆞᆯ돌니여쳔쳔히도라가셔물ᄆᆞ헤된후에그물을ᄃᆞᆯ어내여잡힌싱션을ᄎᆔᄒᆞ야내니싱션이여러가지라됴ᄒᆞᆫ거ᄉᆞᆫ광쥬리에담고못된거ᄉᆞᆫᄇᆞ리ᄂᆞ니라예수의이말ᄉᆞᆷ은심판ᄒᆞᄂᆞᆫ날이이와ᄀᆞᆺ다ᄒᆞᆫ심니라ᄯᅩ데ᄌᆞ들ᄃᆞ려말ᄉᆞᆷᄒᆞ시되심판ᄒᆞᄂᆞᆫ날에텬신이텬당으로좃차ᄂᆞ려와셔악ᄒᆞᆫ사ᄅᆞᆷ은ᄯᅡ로골ᄋᆞ고악ᄒᆞᆫ사ᄅᆞᆷ은형벌밧을곳으로가져가ᄂᆞ니라

ᄒᆞᆫ사ᄅᆞᆷ이예수ᄭᅴ와셔말ᄒᆞᄃᆡ쥬야나ㅣ가당신이아모ᄃᆡ
가시던지그곳에ᄒᆞᆷᄭᅴ가겟ᄂᆞ니다예수ㅣᄃᆡ답ᄒᆞ야ᄀᆞᆯᄋᆞ
샤ᄃᆡ여호도ᄭᅴ에굴이잇고새도집이잇스ᄃᆡ나ᄂᆞᆫ머리둘
곳시업노라예수말ᄉᆞᆷ이당신이새와여호보다더가난ᄒᆞᆫ
다날ᄋᆞ신거슨새와여호ᄂᆞᆫ제집이잇스ᄃᆡ나ᄂᆞᆫ집도업고
곤ᄒᆞᆫ새누어쉴곳도업노라ᄒᆞ심이라예수가그말ᄉᆞᆷᄒᆞ시
고그날져녁에뎨ᄌᆞ들로더부러ᄇᆡ에드러가샤가리리바
다다른ᄀᆞ로건너가실시바다에풍우가잇셔셔큰물결이
ᄇᆡ를처셔ᄇᆡ에물이가득ᄒᆞ야거의ᄌᆞᆷ기게되엿스ᄃᆡ예수
ᄂᆞᆫ머리에벼기를베고주무시ᄂᆞᆫ지라뎨ᄌᆞ들이ᄆᆡ우무셔
워ᄒᆞ야예수를ᄭᆡ우며ᄀᆞᆯᄋᆞᄃᆡ쥬야우리를구ᄒᆞ쇼셔우리
가장ᄎᆞᆺ물에ᄲᆞ저죽겟ᄂᆞ니다ᄒᆞ거ᄂᆞᆯ예수가니러나샤바
람과물결ᄃᆞ려말ᄉᆞᆷᄒᆞ샤ᄃᆡ고요ᄒᆞ라ᄒᆞ시니즉시바람이
긋치고물결이고요ᄒᆞᆫ지라예수가뎨ᄌᆞ들ᄃᆞ려닐너ᄀᆞᆯᄋᆞ
샤ᄃᆡ너희가엇지밋음이업고두려워ᄒᆞᄂᆞ뇨예수ᄯᅳᆺ에당
신과ᄀᆞᆺ치잇슬ᄯᆡ바람과물결이엇지능히해롭게ᄒᆞᆯ가두
려워ᄒᆞᄂᆞ뇨ᄒᆞ심이러라ᄯᅩᄇᆡ를져다른ᄀᆞ로가셔예수가
ᄇᆡ에나오실ᄯᆡ에ᄒᆞᆫ샤귀들닌사ᄅᆞᆷ을맛나시니샤귀ᄂᆞᆫ몸
이업서우ᄃᆡ가지못ᄒᆞᄂᆞᆫ곳에능히가고ᄯᅩ사탄이잇다금
샤격를사나희와계집과어린아희들의게보내엿ᄂᆞ니그
련후에ᄂᆞᆫ샤귀들닌사ᄅᆞᆷ이샤귀ᄒᆞ라ᄂᆞᆫᄃᆡ로ᄒᆞᄂᆞ니라그
샤귀가그사ᄅᆞᆷ을졍신을일허밋친것ᄀᆞᆺᄒᆞ게ᄆᆞᆫ들매그사
ᄅᆞᆷ이제의복을ᄶᅵ저ᄇᆞ리고ᄆᆡ우사오나오니사ᄅᆞᆷ마다그
엽헤지나가기를두려워ᄒᆞᄂᆞᆫ지라그사ᄅᆞᆷ의친구들이사

술노미여집에가두ᄃᆡ사슬을쓴코나와셔죽은사ᄅᆞᆷ뭇는굴속에가셔미돌며밤낫으로큰소리를지ᄅᆞ고돌로제몸을샹ᄒᆞ더니멀이셔예수를보고두려워ᄒᆞ야예수씌다ᄅᆞᆷ질ᄒᆞ여와셔압헤절ᄒᆞ고ᄀᆞᆯᄋᆞᄃᆡ하ᄂᆞ님아ᄃᆞᆯ예수여날과더부러무ᄉᆞᆫ샹관이잇ᄂᆞ잇가나ㅣ가비ᄂᆞ니심편ᄒᆞᄂᆞᆫ날되기젼에형벌ᄒᆞ지마ᄋᆞᆸ쇼셔ᄒᆞ더라그ᄢᅢ산갓가이ᄢᅦ도야지가쥬어먹더니그수는이쳔이라악귀여럿들닌사ᄅᆞᆷ이예수씌빌어ᄀᆞᆯᄋᆞᄃᆡ우리를ᄶᅩᆺ치시면더ᄢᅦ도야지의게드러가기를허락ᄒᆞ쇼셔예수가악귀ᄃᆞ려닐ᄋᆞ샤ᄃᆡ가라ᄒᆞ시니그악귀가그사ᄅᆞᆷ을ᄯᅥ나셔도야지ᄢᅦ의게드러가니즉시모든도야지ᄢᅦ가언덕으로급히ᄃᆞ라ᄂᆞ려와셔바다에ᄲᅡ저죽더라그도야지직히던사ᄅᆞᆷ들이셩에드러가ᄇᆡᆨ셩의게이런말을닐ᄋᆞ니ᄇᆡᆨ셩들이나와셔예수와악귀들녓던사ᄅᆞᆷ을보니그사ᄅᆞᆷ이그ᄢᅢᄂᆞᆫ제옷슬닙고셩ᄒᆞᆫᄆᆞᄋᆞᆷ으로죵용히안졋ᄂᆞᆫ지라도야지직히던사ᄅᆞᆷ이ᄇᆡᆨ셩들의게예수ᄒᆞᆫ신일과도야지가바다에ᄲᅡ저죽은거ᄉᆞᆯ닐ᄋᆞᆫᄃᆡᄇᆡᆨ셩들이두려워ᄒᆞ야예수가제셩을ᄯᅥᄂᆞ시기를빌거ᄂᆞᆯ예수가ᄇᆡ에나가샤그바다다른ᄀᆞ로가실ᄉᆡ그악귀엽서지인사ᄅᆞᆷ이예수씌ᄀᆞᆺ치가기를빌거ᄂᆞᆯ예수ᄀᆞᆯᄋᆞ샤ᄃᆡ네집과네친구의게가셔네ㅣ가엇지ᄒᆞ야난거ᄉᆞᆯ닐ᄋᆞ라ᄒᆞ시니그사ᄅᆞᆷ이가셔제시골에잇ᄂᆞᆫ사ᄅᆞᆷ들의게예수ᄒᆞᆫ신일을닐ᄋᆞ더라예수ㅣ다시가베나옴에가시니그셩에잇ᄂᆞᆫ회당쥬쟝ᄒᆞᆫ사ᄅᆞᆷ이큰근심으로예수씌와셔ᄉᆞᆯ어안저말ᄒᆞᄃᆡ내져근ᄯᆞᆯ이병이잇스매죽을ᄭᅡ두려워ᄒᆞᄂᆞ이

다비ᄂᆞ니당신이내ᄯᅡᆯ의게손을언지샤낫게ᄒᆞ쇼셔ᄒᆞ거ᄂᆞᆯ예수가그사ᄅᆞᆷ과ᄒᆞᆷ씌가실ᄉᆡ그뎨ᄌᆞ와여러ᄇᆡᆨ셩들이예수를옹위ᄒᆞ여ᄯᆞ라가더니그즁에ᄒᆞᆫ녀인이의원이곳치지못ᄒᆞᄂᆞᆫ병으로열두ᄒᆡ를알은지라여러의원의게시험ᄒᆞ고잇ᄂᆞᆫ돈을다쎳스ᄃᆡ낫지못ᄒᆞ고졈졈더ᄒᆞᆫ지라그녀인이예수ㅣ거긔오심을듯고혼자ᄉᆡᆼ각ᄒᆞᄃᆡ나ㅣ예수뒤에가셔손으로그옷만ᄆᆞᆫ저도나흐리라ᄒᆞ고예수뒤에와셔ᄆᆞᆫ지니즉시병이나흠을세닷더라예수가ᄯᆞ라오던ᄇᆡᆨ셩들을도라보샤ᄀᆞᆯᄋᆞ샤ᄃᆡ뉘가나의옷슬ᄆᆞᆫ젓ᄂᆞ뇨그뎨ᄌᆞ들은그녀인이예수를ᄆᆞᆫ지ᄂᆞᆫ거슬보지못ᄒᆞ엿스매ᄃᆡ답ᄒᆞᄃᆡ허다ᄒᆞᆫᄇᆡᆨ셩이좃차오거ᄂᆞᆯ당신이엇지누가ᄆᆞᆫ젓ᄂᆞ냐무르시ᄂᆞᆫ잇가ᄒᆞᄃᆡ예수ᄂᆞᆫ누가ᄌᆞ긔를ᄆᆞᆫ저셔병나흠을엇은거슬알으시고도라보샤그녀인을ᄉᆞᆯ피시니그녀인이예수가알으시ᄂᆞᆫ것과예수씌제몸을숨길수업슴을볼새ᄯᅥᆯ며두려워ᄒᆞ야예수압헤ᄭᅮᆯ어안고여러사ᄅᆞᆷ압헤셔저ㅣ가엇지ᄒᆞ여예수를ᄆᆞᆫ저셔즉시병이낫슴을말ᄒᆞ거ᄂᆞᆯ예수가그녀인의게말ᄉᆞᆷᄒᆞ시ᄃᆡ두려워ᄒᆞ지마라ᄒᆞ시니라때개그녀인이예수가능히제병을곳칠줄을밋은고로저ㅣ가나흠을엇엇더라예수가그녀인으로더부러말ᄉᆞᆷᄒᆞ실지음에회당쥬쟝ᄒᆞᆫ사ᄅᆞᆷ의집에셔ᄒᆞᆫ사ᄅᆞᆷ이와셔말ᄒᆞᄃᆡ졔의ᄯᅡᆯ이임의죽엇스니쥬를멀이뫼셔오ᄂᆞᆫ거시쓸ᄃᆡ업ᄂᆞ이다ᄒᆞ거ᄂᆞᆯ예수ㅣ이말을드르시고회당쥬쟝ᄒᆞᆫ사ᄅᆞᆷᄃᆞ려닐ᄋᆞ시ᄃᆡ두려워ᄒᆞ지마라나를밋기만ᄒᆞ면네ᄯᅡᆯ이다시살이라ᄒᆞ시고그사ᄅᆞᆷ집에ᄭᆞ지가시

니어린ᄋᆞᄒᆡ가죽엇시매여러사ᄅᆞᆷ들이울거ᄂᆞᆯ예수가말
ᄉᆞᆷᄒᆞ시ᄃᆡᄋᆞᄒᆡ가죽지아니ᄒᆞ고잠들엇거ᄂᆞᆯ너희ᄂᆞᆫ웨우
ᄂᆞ뇨ᄒᆞ시니예수ᄯᅳᆺ시그계집ᄋᆞᄒᆡ가죽음에셔쟝ᄎᆞᆺ급히
살거시니맛치ᄒᆞᆫ사ᄅᆞᆷ이잠셰ᄂᆞᆫ깃과ᄀᆞᆺᄒᆞ리라ᄒᆞ심이라
여러ᄇᆡᆨ셩들이밋지아니ᄒᆞ고웃거ᄂᆞᆯ예수가모든사ᄅᆞᆷ을
다내여보내시고베드로와야고보와요한세뎨ᄌᆞ와ᄋᆞᄒᆡ
의부모를ᄃᆞ리고ᄋᆞᄒᆡ눈방에드러가샤손으로ᄋᆞᄒᆡ를븟
들고ᄀᆞᆯᄋᆞ샤ᄃᆡ나ㅣ가너ᄃᆞ려닐ᄋᆞᄂᆞ니니러나라ᄒᆞ시니
즉시그계집ᄋᆞᄒᆡ가다시살아나셔침상에셔니러나거르
니그ᄯᅢ그ᄋᆞᄒᆡ나히열두셜이라예수가ᄋᆞᄒᆡ부모ᄃᆞ려음
식을주라ᄒᆞ시더라

뎨십일쟝 예수가그사ᄅᆞᆷ의집을ᄯᅥ나가실시두쇼경이ᄯᆞ

라와뒤에셔블너ᄀᆞᆯᄋᆞᄃᆡ우리를블샹이녁이쇼셔대개졔
ᄯᅳᆺ에예수가제눈을곳칠줄앎이러라예수가그쇼경들ᄃᆞ
려무러ᄀᆞᆯᄋᆞ샤ᄃᆡ나ㅣ가너희를낫게ᄒᆞᆯ수잇슴을밋ᄂᆞ냐
ᄒᆞ시니쇼경들이ᄃᆡ답ᄒᆞᄃᆡ쥬여밋ᄂᆞ니다ᄒᆞ거ᄂᆞᆯ예수ㅣ
ᄀᆞᆯᄋᆞ샤ᄃᆡ너희가나를밋을진대나ㅣ가너희를낫게ᄒᆞ리
라ᄒᆞ시고손을들어쇼경의눈을ᄆᆞᆫ지시니즉시그사ᄅᆞᆷ들
이능히보더라예수ㅣᄀᆞᆯᄋᆞ샤ᄃᆡ아모사ᄅᆞᆷᄃᆞ려도누가너
희눈을낫게ᄒᆞ엿다닐ᄋᆞ지마라ᄒᆞ시ᄃᆡ그사ᄅᆞᆷ들이나흔
거슬깃거ᄒᆞ야집에간후에그싀골ᄇᆡᆨ셩의게예수가제게
ᄒᆞ신일을닐ᄋᆞ더라엿던ᄇᆡᆨ셩들이ᄒᆞᆫ악귀들인사ᄅᆞᆷ을ᄃᆞ
니고왓스니그악귀ᄂᆞᆫ그사ᄅᆞᆷ으로말을못ᄒᆞ게ᄒᆞ엿스매
벙어리가되엿더라예수가그악귀로그사ᄅᆞᆷ의게셔나게

ᄒᆞᆫ신후에는그사름이말을ᄒᆞᄂᆞ니그사름벙어리된줄알던ᄇᆡᆨ셩들이말ᄒᆞᄂᆞᆫ거ᄉᆞᆯ듯고놀나ᄀᆞᆯᄋᆞᄃᆡ이스라엘ᄯᅡ에이런신긔ᄒᆞᆫ일을젼에보지못ᄒᆞ엿다ᄒᆞ더라그후에예수가유대사름들사ᄂᆞᆫ셩과동닉에가샤복음을ᄀᆞᄅᆞ치시니우리가젼에본바복음이란거슨됴흔긔별이니우리악ᄒᆞᆫ마음을착ᄒᆞ게곳치시고우리죄를업게ᄒᆞ시고우리가죽은후에형벌밧을거ᄉᆞᆯ구ᄒᆞ려고예수가텬당으로ᄂᆞ려오신거시니우리가죄셕문에맛당히형벌을밧을터인ᄃᆡ만일예수가밧지아니ᄒᆞ셧시면우리가쟝ᄎᆞᆺ형벌밧을거시나예수가우리를ᄃᆡ신ᄒᆞ야형벌밧으시려고이셰샹에ᄂᆞ려오시고ᄯᅩ하ᄂᆞ님ᄭᅴ당신이형벌밧으심으로우리죄용셔ᄒᆞ심을쳥ᄒᆞ셧스니우리가죄를회ᄀᆡᄒᆞ고죄짓기를긋치

고예수를ᄉᆞ랑ᄒᆞ고슌죵ᄒᆞ면하ᄂᆞ님이우리를용셔ᄒᆞ시려이와만일우리가예수를거역ᄒᆞ면하ᄂᆞ님이우리를용셔치아니ᄒᆞ시고심판ᄒᆞᄂᆞᆫ날에악ᄒᆞᆫᄇᆡᆨ셩과ᄀᆞᆺ치형벌을주시리라그ᄯᅢ예수가그셩과동닉에가샤거긔사ᄂᆞᆫ유대사름들의게복음을젼ᄒᆞ실ᄉᆡ이스라엘ᄯᅡ에잇ᄂᆞᆫ유대사름이만ᄒᆞ니ᄒᆞᆫ자다젼도ᄒᆞ실수가업스매열두ᄉᆞ도를불너ᄇᆡᆨ셩의게젼도ᄒᆞ려보내실ᄉᆡᄯᅥ나기젼에예수가ᄉᆞ도의게악귀를ᄶᅩᆺ고병인을곳치고죽은사름을살게ᄒᆞ야령젹ᄒᆡᆼᄒᆞᄂᆞᆫ권능을주시니라예수가ᄉᆞ도의게이런권능을주신거슨ᄇᆡᆨ셩들이신긔ᄒᆞᆫ일ᄒᆞᄂᆞᆫ거ᄉᆞᆯ보아하ᄂᆞ님이ᄉᆞ도보내신줄을알고ᄉᆞ도의ᄒᆞᄂᆞᆫ말을밋게ᄒᆞ심이러라그후에ᄉᆞ도들이각각셩과동닉에가셔ᄇᆡᆨ셩의게젼도ᄒᆞ고

예수ᄭᅴ도라와셔ᄒᆞ던일을낫낫치엿ᄌᆞ오니예수가ᄉᆞ도들ᄃᆞ려말ᄉᆞᆷᄒᆞ시ᄃᆡ올지여다종용ᄒᆞᆫ곳에가셔ᄒᆞᆫ좀쉬리라ᄒᆞ시니대개거긔셔ᄂᆞᆫ가고오ᄂᆞᆫ사ᄅᆞᆷ이만ᄒᆞᆫ매ᄉᆞ도들이음식먹을겨를도업ᄂᆞᆫ연고ㅣ라ᄉᆞ도들이예수와ᄀᆞᆺ치ᄇᆡ에나가셔가리리바다다ᄅᆞᆫ마ᄒᆞ로가실ᄉᆡᄇᆡᆨ셩들이예수와ᄉᆞ도들이가ᄂᆞᆫ줄을알고예수뒤에ᄯᆞ라오니ᄇᆡ로오ᄂᆞᆫ거시아니오바다ᄀᆞ로예수계신곳ᄭᆞ지거러오니여러사나희와녀인들과ᄋᆞ희들이모혓더라져녁이되매ᄉᆞ도들이예수ᄭᅴ말ᄉᆞᆷᄒᆞᄃᆡ이곳이먹을거시업ᄂᆞᆫ젹막ᄒᆞᆫ곳이오ᄯᅩ밤이갓가오매ᄇᆡᆨ셩들을음식사먹을동니로보내쇼셔예수ㅣᄀᆞᆯᄋᆞ샤ᄃᆡ그사ᄅᆞᆷ들이갈거시아니라너희가그사ᄅᆞᆷ들먹을거슬주라ᄒᆞ시니ᄉᆞ도들이ᄀᆞᆯᄋᆞᄃᆡ그사ᄅᆞᆷ들먹을ᄯᅥᆨ을이ᄇᆡᆨ금앗치를사오리잇가이ᄇᆡᆨ금앗치를사와도각각사ᄅᆞᆷ의게조곰식주기가넉넉지못ᄒᆞ겟ᄂᆞ이다예수ㅣᄀᆞᆯᄋᆞ샤ᄃᆡ네게ᄯᅥᆨ이얼마나잇ᄂᆞ뇨가셔보라ᄉᆞ도들이보고ᄃᆡ답ᄒᆞᄃᆡᄯᅥᆨ다ᄉᆞᆺ과져근ᄉᆡᆼ션두개가잇ᄂᆞ이다예수가ᄉᆞ도들ᄃᆞ려닐ᄋᆞ샤ᄃᆡᄇᆡᆨ셩들을풀우희ᄎᆞ례로안치라ᄒᆞ시고예수가다ᄉᆞᆺᄯᅥᆨ과두ᄉᆡᆼ션을손에들고텬당을ᄇᆞ라보며하ᄂᆞ님ᄭᅴ감샤ᄒᆞ시고ᄯᅥᆨ을ᄯᅦ여ᄉᆞ도들의게주시고ᄯᅩᄉᆡᆼ션을주시니ᄉᆞ도들이ᄇᆡᆨ셩의게가져갈ᄉᆡ예수ㅣ그ᄯᅥᆨ과ᄉᆡᆼ션을ᄂᆞᆯ이여그만ᄒᆞᆫᄇᆡᆨ셩들이먹기에넉넉ᄒᆞ게ᄆᆞᆫᄃᆞ신지라ᄇᆡᆨ셩들이다먹은후에예수가ᄉᆞ도들ᄃᆞ려닐ᄋᆞ시ᄃᆡ남은음식을거두어허비ᄒᆞᆷ이업게ᄒᆞ라ᄉᆞ도들이예수닐ᄋᆞ시ᄂᆞᆫ대로ᄒᆞ엿더니그여러ᄇᆡᆨ셩들이ᄇᆡ불이먹은

후에ᄂᆞᆷ은떡과ᄉᆡᆼ션이열두광주리오먹은사ᄅᆞᆷ은녀인과
ᄋᆞ희는졔ᄒᆞ고오쳔명이라ᄇᆡᆨ셩들이예수ᄒᆞ신큰령젹을
본후에예수를저희님금삼기를원ᄒᆞᄃᆡ예수가ᄇᆡᆨ셩들을
ᄯᅥ나샤ᄒᆞᆯ노산에올나가셔긔도ᄒᆞ시고ᄉᆞ도들을ᄇᆡ를ᄐᆡ
히여가리리바다다른가ᄒᆞ로보내시니라그날밤에ᄉᆞ도
들이바다가온ᄃᆡ나아갈ᄉᆡ바람이ᄇᆡ를거ᄉᆞ리는고로노
질ᄒᆞ니예수가희변에셔ᄉᆞ도들이물결이험ᄒᆞᆷ으로노질
ᄒᆞ는거슬보시고ᄉᆞ도들의게가실ᄉᆡ바다우희거러가시
니ᄉᆞ도들이예수오시는거슬보고귀신이라ᄒᆞ고ᄆᆡ우두
려워ᄒᆞ야부르지지니예수말ᄉᆞᆷᄒᆞ시ᄃᆡ두려워ᄒᆞ지말나
이나ㅣ로라ᄒᆞ시니베드로가ᄇᆡ에셔ᄃᆡ답ᄒᆞ야ᄀᆞᆯᄋᆞᄃᆡ만
일쥬여든날노ᄒᆞ여곰물우헤로거러셔쥬의게로가게ᄒᆞ

쇼셔예수ㅣᄀᆞᆯᄋᆞ샤ᄃᆡ오너라ᄒᆞ시니베드로가ᄇᆡ에ᄂᆞ려
물우헤거러갈ᄉᆡ바람소리를듯고물결치는거슬보고두
려워ᄒᆞ여잠기기를시작ᄒᆞ거ᄂᆞᆯ불너ᄀᆞᆯᄋᆞᄃᆡ쥬여나를구
ᄒᆞ쇼셔예수가손을펴셔베드로를잡아ᄃᆞ리여쌔짐을구
ᄒᆞ시고무러ᄀᆞᆯᄋᆞ샤ᄃᆡ엇지밋지아니ᄒᆞᄂᆞ냐ᄒᆞ시니이는
당신이베드로를구ᄒᆞᆯ줄을엇지밋지아니ᄒᆞᄂᆞ냐ᄒᆞ신ᄯᅳᆺ
시라만일베드로가제ᄆᆞ음에예수가저를구ᄒᆞᆯ줄을밋엇
더면물에쌔짐이업시예수의게왓시리라예수와베드로
가ᄇᆡ에올으니바람과물결이긋치고그ᄇᆡ가잠시간에ᄉᆞ
도들이가려ᄒᆞ는곳으로왓더라그바람과물결을긋치게
ᄒᆞ고ᄇᆡ를희변에오게ᄒᆞᆫ거시다예수가ᄒᆞ신일이니ᄉᆞ도
들이이령젹을본후에예수ᄭᅴ업ᄃᆡ여절ᄒᆞ고ᄀᆞᆯᄋᆞᄃᆡ당신

이진실노하ᄂᆞᆫ님아들이시니이다ᄒᆞ더라예수와ᄉᆞ도들
이ᄇᆡ에셔나와뭇헤ᄂᆞ려오시니거긔사ᄂᆞᆫᄇᆡᆨ셩들이예수
오심을알고온ᄉᆡᆨ골로급히ᄃᆞᆫ니며예수오심을닐ᄋᆞ니ᄇᆡᆨ
셩들이비로소침상으로병인들을메고예수계신곳으로
오ᄂᆞᆫ지라예수가셩과동넉에가시ᄂᆞᆫ대로병인들을길ᄀᆞ
헤누히고예수옷만모지게ᄒᆞ기를빌고또예수옷모진사
롬마다병이낫더라예수가이스라엘ᄶᅡ갓가히다른ᄶᅡ로
가시니거긔사ᄂᆞᆫᄒᆞᆫ녀인이예수ᄭᅴ와셔말ᄒᆞ되내ᄯᆞᆯ이악
귀들엿스니악귀내여보내주시기를비ᄂᆞ이다ᄒᆞ거ᄂᆞᆯ예
수가처음에ᄂᆞᆫ못드른톄ᄒᆞ시니대개그녀인이당신과ᄒᆞᆫ
나라사름이아닌연고ㅣ라그녀인이제ᄋᆞ희들당신이능
히곳칠줄을밋ᄂᆞᆫ가시험ᄒᆞ심이러라그녀인이예수가못
드른톄ᄒᆞ심을보고예수ᄭᅴ빌기를긋치지아니ᄒᆞ고더옥
군절이빌며압헤ᄭᅮᆯ어안저말ᄒᆞ되쥬여나를도으쇼셔ᄒᆞ
거ᄂᆞᆯ예수가그녀인ᄃᆞ려닐ᄋᆞ샤되네ㅣ가밋음이잇고또
나ㅣ가네ᄯᆞᆯ을능히곳칠줄밋ᄂᆞᆫ고로네ᄯᆞᆯ을낫게ᄒᆞ리라
ᄒᆞ시더니그녀인이제집에도라가니악귀가임의나가고
제ᄯᆞᆯ이누엇더라여러ᄇᆡᆨ셩들이예수ᄭᅴ와셔사흘을긋치
잇슬시먹을거시업ᄂᆞᆫ고로예수가또ᄒᆞᆫ번져근ᄯᅥᆨ과싱선
으로만흔ᄇᆡᆨ셩을먹일시뎨ᄌᆞ들을불너닐ᄋᆞ샤되나ㅣ가
더사름들을먹이지아니ᄒᆞ면제집에가기젼에ᄇᆡ곱ᄒᆞ고
긔운이업슬지라ᄒᆞ시고무러ᄀᆞᆯᄋᆞ샤되ᄯᅥᆨ이얼마나잇ᄂᆞ
뇨뎨ᄌᆞㅣ되답ᄒᆞ되ᄯᅥᆨ닐곱과두어져근싱선이잇ᄂᆞ이다
ᄒᆞ니예수가그ᄇᆡᆨ셩들을ᄶᅡ우회안치라ᄒᆞ시고ᄯᅥᆨ닐곱과

싱션두엇슬가지시고하ᄂᆞ님ᄭᅴ감샤ᄒᆞᆫ신후에ᄯᅥᆨ을여러조각에ᄯᅦ여뎨ᄌᆞ들의게주시니뎨ᄌᆞ들이ᄇᆡᆨ셩들의게줄시예수ᄭᅴ셔젼파ᄀᆞᆺ치젹은ᄯᅥᆨ과싱션을늘이여사ᄅᆞᆷ마다넉넉히먹게ᄒᆞ시니라뎨ᄌᆞ들이남은음식을주어담으니닐곱광주리요먹은사ᄅᆞᆷ은ᄉᆞ쳔명이더라예수가ᄇᆡᆨ셩들을다먹이신후에보내시고ᄇᆡᆺ사이다라ᄒᆞᄂᆞᆫ셩에가시니ᄇᆡᆨ셩들이ᄒᆞᆫ쇼경을ᄃᆞ리고와셔빌며ᄀᆞᆯᄋᆞᄃᆡ이사ᄅᆞᆷ을ᄆᆞᆫ지샤낫게ᄒᆞ쇼셔ᄒᆞ니예수가ᄉᆞᆫ으로그사ᄅᆞᆷ을잇ᄭᅳᆯ고동니밧게나가샤눈에춤밧으고ᄉᆞᆫ으로ᄆᆞᆫ지시며무러ᄀᆞᆯᄋᆞ샤ᄃᆡ능히보ᄂᆞ냐ᄒᆞ시니쇼경이ᄃᆡ답ᄒᆞᄃᆡ능히보나쾌히낫지못ᄒᆞ야지나가ᄂᆞᆫ사ᄅᆞᆷ의킈가나무거러가ᄂᆞᆫ것과ᄀᆞᆺ치뵈이ᄂᆞ이다ᄒᆞ거ᄂᆞᆯ예수ᄭᅴ셔ᄉᆞᆫ을그사ᄅᆞᆷ의눈에다시언고쳐다보라ᄒᆞ시니그사ᄅᆞᆷ이모든거슬ᄇᆞᆰ게보더라

뎨십이쟝 그후에예수가베드로와야고보와요한세ᄉᆞ도ᄅᆞᆯᄃᆞ리시고젹막ᄒᆞᆫ산에올나가샤긔도ᄒᆞ실ᄉᆡ예수얼골이변ᄒᆞ야빗나기가희빗ᄀᆞᆺ고의복이눈과ᄀᆞᆺ치희더라즉시모세와에리아두사ᄅᆞᆷ이거긔왓ᄉᆞ니보기에다른사ᄅᆞᆷ과ᄀᆞᆺ지아니ᄒᆞ고더아ᄅᆞᆷ다오니그두사ᄅᆞᆷ이ᄎᆞᆨᄒᆞᆫᄇᆡᆨ셩즁은후에갈곳스로좃차옴이러라우리ᄂᆞᆫ그곳시어ᄃᆡᆫ지아지못ᄒᆞ거니와그두사ᄅᆞᆷ이그곳에살더니그ᄯᆡ이셰샹에도라와셔예수와잠간졍담ᄒᆞ엿ᄂᆞ니라즉시빗ᄂᆞᆫ구름이산에ᄂᆡ려나셔세ᄉᆞ도ᄅᆞᆯ덥ᄒᆞ며구름속으로말소리들니니하ᄂᆞ님말ᄉᆞᆷ이라ᄀᆞᆯᄋᆞ샤ᄃᆡ예수ᄂᆞᆫ나의ᄉᆞ랑ᄒᆞᄂᆞᆫ아ᄃᆞᆯ이니ᄉᆞ도들은예수ᄯᅳᆺ슬좃치라ᄒᆞ시거ᄂᆞᆯᄉᆞ도들이하ᄂᆞ

님말ᄉᆞᆷ을듯고ᄆᆡ우놀나무릅을ᄭᅮᆯ고얼골을ᄯᅡ에다히대
예수가오샤ᄉᆞ도들의게손을언즈시고닐ᄋᆞ시ᄃᆡ니러서
셔두려워ᄒᆞ지마라ᄒᆞ시니ᄉᆞ도들이니러서셔둘너본즉
모셰와예리아가거긔업고ᄂᆞ려오던됴흔곳으로도라갓
더라예수가ᄉᆞ도들ᄃᆞ려닐ᄋᆞ시ᄃᆡ나ㅣ가죽은후에다시
살도록너희본거슬아모ᄃᆞ려도닐ᄋᆞ지마라ᄒᆞ시니ᄉᆞ도
들이서로뭇ᄃᆡ예수가엇더케죽엇다가다시살고ᄒᆞ더라
우리가쟝ᄎᆞᆺ예수이말ᄉᆞᆷᄒᆞ신ᄯᅳᆺ을보리라다음날에예수
가ᄉᆞ도들과산에ᄂᆞ려오시니ᄒᆞᆫ사ᄅᆞᆷ이예수ᄭᅴ와셔압헤
ᄭᅮᆯ어안자ᄀᆞᆯᄋᆞᄃᆡ쥬여나ㅣ비ᄂᆞ니내아ᄃᆞᆯ을구ᄒᆞ쇼셔이
거시내외아ᄃᆞᆯ이라ᄒᆞᆫ악귀가들어가셔잇다굠물에나블
에ᄲᅡ지게ᄒᆞ야죽이려ᄒᆞ매내아ᄃᆞᆯ을당신ᄉᆞ도의게ᄃᆞ리

고와셔악귀를좃치려ᄒᆞᄃᆡᄉᆞ도들이능히못ᄒᆞ엿ᄂᆞ이다
예수가ᄃᆡ답ᄒᆞ야ᄀᆞᆯᄋᆞ샤ᄃᆡ네아ᄃᆞᆯ을내게로ᄃᆞ려오라ᄒᆞ
시니그사ᄅᆞᆷ이아ᄃᆞᆯ을ᄃᆞ려오매악귀가그아ᄃᆞᆯ을너머지
게ᄒᆞ니그아ᄃᆞᆯ이입의춤을흘니며ᄯᅡ에굴더라예수가그
사ᄅᆞᆷᄃᆞ려무ᄅᆞ시ᄃᆡ내아ᄃᆞᆯ이악귀들닌지얼마나오래뇨
ᄃᆡ답ᄒᆞᄃᆡ어려셔브터이러ᄒᆞ니이다예수가악귀ᄃᆞ려닐
ᄋᆞ샤ᄃᆡ나ㅣ가너ᄃᆞ려닐ᄋᆞᄂᆞ니나아가고다시그사ᄅᆞᆷ의
게잇지마라ᄒᆞ시니악귀가크게소ᄅᆡᄒᆞ고그졂은사ᄅᆞᆷ을
몹시요동ᄒᆞ고곳나아가니그사ᄅᆞᆷ이ᄯᅡ에누어셔운동ᄒᆞ
지못홈이죽은사ᄅᆞᆷᄀᆞᆺᄒᆞ매보ᄂᆞᆫ여러사ᄅᆞᆷ들이ᄆᆞᆯᄋᆞᄃᆡ죽
엇다ᄒᆞ거ᄂᆞᆯ예수가손으로잡아니ᄅᆞ키시매그사ᄅᆞᆷ이제
발로니러서셔병이난지라예수가그사ᄅᆞᆷ을저의아비의

계주시니라그ᄯᅢ이스라엘다른셩에사ᄂᆞᆫ사ᄅᆞᆷ들이예루
살넴셩뎐에셔미무ᄂᆞᆫ졔ᄉᆞ쟝들의게돈을보내ᄂᆞᆫ법이라
ᄆᆡ년사ᄅᆞᆷ마다은돈을보내면졔ᄉᆞ쟝들이그돈을가지고
셩뎐에셔하ᄂᆞ님ᄭᅴ례ᄇᆡᄒᆞᄂᆞᆫᄯᅢ쓰ᄂᆞᆫ물건을사더라예수
와ᄉᆞ도들이가베나옴셩에계실ᄯᅢ엇던사ᄅᆞᆷ들이베드로
의게와셔뭇ᄃᆡ너의쥬ᄂᆞᆫ셩뎐에잇ᄂᆞᆫ졔ᄉᆞ쟝들의게돈을
보내지아니ᄒᆞᄂᆞ뇨ᄒᆞ거ᄂᆞᆯ예수가그사ᄅᆞᆷ들이이말뭇ᄂᆞᆫ
거슬아시고집에가신후에베드로ᄃᆞ려닐ᄋᆞ시ᄃᆡ갓가온
희변에가셔낙시를물속에너허셔ᄉᆡᆼ션잡히거던그ᄉᆡᆼ션
을들고입속을보면거긔셔돈ᄒᆞᆫ개를엇을거시니나와너
를위ᄒᆞ야그돈을그사ᄅᆞᆷ들의게주라ᄒᆞ시거ᄂᆞᆯ베드로가
예수말ᄉᆞᆷ대로ᄒᆞ야ᄉᆡᆼ션입속에셔돈ᄒᆞᆫ개를엇어그사ᄅᆞᆷ

들을주니라ᄉᆞ도들이ᄒᆞᆫ가지갈ᄯᅢ예수가듯지못ᄒᆞ실줄
알고저희중에뎨일놉흔사ᄅᆞᆷ되기를서로다토더니예수
ᄂᆞᆫᄉᆞ도들말ᄒᆞᄂᆞᆫ거슬듯지아니ᄒᆞ셧스ᄃᆡ능히알으시ᄂᆞᆫ
지라후에ᄉᆞ도들의게저희가길로오며닷톤거슬무ᄅᆞ시
니ᄉᆞ도들이붓그려워ᄃᆡ답ᄒᆞ지못ᄒᆞᄂᆞᆫ지라예수가ᄒᆞᆫ어
린ᄋᆞ히를불너그중에두고ᄉᆞ도들ᄃᆞ려닐너ᄀᆞᆯᄋᆞ샤ᄃᆡ너
희교만ᄒᆞ고서로다ᄉᆞ리려ᄒᆞ기를긋치지아니ᄒᆞ면하ᄂᆞ
님아ᄃᆞᆯ들이되지못ᄒᆞ리라그중뎨일놉흔사ᄅᆞᆷ은겸손ᄒᆞ
고순종ᄒᆞᄂᆞᆫ더어린ᄋᆞ히ᄀᆞᆺ치ᄒᆞᄂᆞᆫ쟈ㅣ니라ᄯᅩᄉᆞ도들을
ᄀᆞᄅᆞ처ᄀᆞᆯᄋᆞ샤ᄃᆡ너희손과발이너로ᄒᆞ여곰그른일을ᄒᆞ
계ᄒᆞ면손과발을버혀ᄇᆞ리라ᄒᆞ시니예수ᄯᅳᆺ에무슨일이
던지그ᄅᆞ고악ᄒᆞᆫ거슬우리가맛당히긋칠거시니아모리

그그른일을ᄒᆞ고십어ᄇᆞ리기가비록손과발버히ᄂᆞᆫ것과
ᄀᆞᆺ치어려울지라도맛당히ᄀᆞᆺ칠거시니라죄를ᄒᆞᆼ상짓고
죄로인ᄒᆞ야영원히형벌밧을디옥으로가ᄂᆞᆫ것보다죄를
짓지말고심판ᄒᆞᄂᆞᆫ날에텬당으로올나가ᄂᆞᆫ거시나흐리
라ᄒᆞ심이라예수가뎨ᄌᆞ들ᄃᆞ려닐ᄋᆞ시ᄃᆡᄒᆞᆫ사ᄅᆞᆷ이다른
사ᄅᆞᆷ의게잘못ᄒᆞᆫ후에말ᄒᆞᄃᆡ나ㅣ가잘못ᄒᆞ엿슴으로붉
안ᄒᆞ다ᄒᆞ면그사ᄅᆞᆷ이용셔ᄒᆞᆯ지니라ᄒᆞ시니베드로가무
ㄹ으ᄃᆡ몃번이나용셔ᄒᆞ겟ᄂᆞ잇가닐곱번이라도용셔
ᄒᆞ겟ᄂᆞ잇가ᄒᆞ니예수ㅣ베드로ᄃᆞ려닐ᄋᆞ시ᄃᆡ너희다른
사ᄅᆞᆷ용셔ᄒᆞ기를닐곱번ᄲᅮᆫ아니라닐흔번씩닐곱번이나
ᄒᆞᆯ거시니라예수ᄯᅳᆺ에그사ᄅᆞᆷ들이청ᄒᆞᄂᆞᆫ대로용셔ᄒᆞ여
주라ᄒᆞ심이라예수가ᄒᆞᆫ비유로말ᄉᆞᆷᄒᆞ시ᄃᆡ하인들이님

금의돈을젓스매그님금이돈을밧고저ᄒᆞ고ᄯᅩᄒᆞᆫ하인을
잡아왓스니그사ᄅᆞᆷ이여러만량을젓스ᄃᆡ갑흘거시업스
니그나라에셔ᄂᆞᆫ돈진사ᄅᆞᆷ이갑지못ᄒᆞ면저와제쳐ᄌᆞ가
죵으로풀니ᄂᆞᆫ법이라그님금이골ᄋᆞᄃᆡ돈을갑지못ᄒᆞᄂᆞᆫ
고로녀와네쳐ᄌᆞ가내돈갑세풀이여라ᄒᆞ니그하인이그
말을듯고크게근심ᄒᆞ야님금압희ᄭᅮᆯ어안저골ᄋᆞᄃᆡ잠싼
만나를참아주시면나ㅣ가진돈을다갑흐리이다나ㅣ가
일을ᄒᆞ야돈을벌던지내게빗진사ᄅᆞᆷ의게돈을밧던지ᄒᆞ
야가지고도라와셔갑흐리이다ᄒᆞ거ᄂᆞᆯ그님금이그하인
의말을듯고ᄯᅩ그근심ᄒᆞᆷ을보고불샹히넉여그만흔빗슬
용셔ᄒᆞ야아조갑지마라ᄒᆞ니그하인이나가다가제게빗
진동류하인을맛낫스니그하인은만히진거시아니요다

만ᄇᆡᆨ푼이로ᄃᆡ가난ᄒᆞ야갑흘수가업ᄂᆞᆫ지라그하인이돈
진하인의게ᄆᆡ우셩내여목을잡고ᄀᆞᆯᄋᆞᄃᆡ네진돈을갑흐
라ᄒᆞ니그돈진하인이그하인의압희ᄭᅮᆯ어안자빌어ᄀᆞᆯᄋᆞ
ᄃᆡ너ㅣ가나를불샹히넉여잠깐ᄎᆞᆷ으면나ㅣ가갑흐리라
ᄒᆞᄃᆡ그하인이ᄎᆞᆷ지아니ᄒᆞ고그돈진하인을옥에가도어
빗갑도록두려ᄒᆞ더니님금의게잇ᄂᆞᆫ다른하인이이거슬
보고ᄆᆡ우패심히넉여가셔님금의게고ᄒᆞᆫᄃᆡ님금이그하
인을불너말ᄒᆞᄃᆡ너ㅣ가악ᄒᆞᆫ하인이로다나ㅣ가너를불
샹히넉여너ㅣ가내게쳥ᄒᆞᆯ때용셔ᄒᆞ엿거ᄂᆞᆯ네맛당히네
동류하인을나ㅣ가너불샹이넉임ᄀᆞᆺ치아니ᄒᆞᄂᆞ뇨ᄒᆞ고
님금이크게로ᄒᆞ야진돈을다갑도록형벌밧ᄂᆞᆫ곳에두엇
ᄂᆞ니라이비유에님금은하ᄂᆞ님ᄭᅴ비ᄒᆞᆷ이요돈만히진하

인은죄를자조범ᄒᆞᆫ우리의게비ᄒᆞᆷ이라그님금이그하인
이제동류하인을용셔ᄒᆞ지아니ᄒᆞᆷ으로형벌ᄒᆞᆫ거슨우리
가만일서로용셔ᄒᆞ지아니ᄒᆞ면하ᄂᆞ님이우리를형벌ᄒᆞ
시리라ᄒᆞ심이니라

복음셔하

뎨십삼쟝 예수와ᄉᆞ도들이예루살넴으로가실시사마리
단사ᄅᆞᆷ사ᄂᆞᆫ동ᄂᆡ갓가히오샤예수가ᄉᆞ도들을보내여동
ᄂᆡ에드러가셔나ㅣ가거긔셔쉬고음식먹을가무러보라
ᄒᆞ시니그젼에사마리단사ᄅᆞᆷ들이유대사ᄅᆞᆷ들파시비ᄒᆞ
여원수ㅣ되니라예수ᄂᆞᆫ유대사ᄅᆞᆷ인고로사마리단사ᄅᆞᆷ
들이예수를졔동ᄂᆡ에셔쉬기를허락ᄒᆞ지아니ᄒᆞᄂᆞᆫ지라
야고보와요한두ᄉᆞ도가ᄆᆡ우셩내여예수ᄭᅴ쳥ᄒᆞ여ᄀᆞᆯᄋᆞ

ᄃᆡ우리로ᄒᆞ여곰하ᄂᆞᆯ노브터불을ᄂᆞ려사마리단사ᄅᆞᆷ들을티우게ᄒᆞ쇼셔ᄒᆞ거ᄂᆞᆯ예수가야고보와요한이이말ᄒᆞᆷ을깃거아니ᄒᆞ샤닐너ᄀᆞᆯᄋᆞ샤ᄃᆡ나ㅣ가이셰샹에사ᄂᆞᆫ사ᄅᆞᆷ을죽이려고온거시아니오죽을사ᄅᆞᆷ을구ᄒᆞ려고왓노라ᄒᆞ시고사마리단사ᄅᆞᆷ의무졍ᄒᆞᆷ을형벌ᄒᆞ시지아니ᄒᆞ시고다른동네에가셔쉬시니라 ○ 우리본바문둥병은ᄆᆡ우몹쓸병이니하ᄂᆞ님밧긔ᄂᆞᆫ곳치ᄂᆞᆫ이가업ᄂᆞᆫ지라문둥병잇ᄂᆞᆫ사ᄅᆞᆷ은제가솔과집을ᄯᅥ나홀노살거나저와ᄀᆞᆺ치병잇ᄂᆞᆫ사ᄅᆞᆷ과ᄀᆞᆺ치사ᄂᆞ니라예수와ᄉᆞ도들이예루살넴으로가실ᄯᅢ문둥병잇ᄂᆞᆫ사ᄅᆞᆷ열을맛낫시니이병인들은셩ᄒᆞᆫ사ᄅᆞᆷ의게갓가이와셔문지지못ᄒᆞᄂᆞᆫ고로예수와ᄉᆞ도의게갓가이오지못ᄒᆞ고다만멀이셔셔큰소리로말ᄒᆞ

ᄃᆡ예수션ᄉᆡᆼ님이여우리를불샹히녁이쇼셔ᄒᆞ니저희ᄯᅳᆺ에예수가저희들을낫게ᄒᆞ심을엇고저ᄒᆞᆷ이러라아모사ᄅᆞᆷ이라도문둥병이잇서제집을ᄯᅥ난후에제가나핫슬지라도제ᄉᆞ장의게가기젼에ᄂᆞᆫ제집으로오지못ᄒᆞᄂᆞᆫ법이니제ᄉᆞ쟝이그사ᄅᆞᆷ의춤나ᄒᆞᆫ거슬본후에제집에가셔가솔과ᄀᆞᆺ치살나허락ᄒᆞᄂᆞᆫ법이러라예수가그병인들이당신ᄭᅴ부ᄅᆞᄂᆞᆫ거슬드ᄅᆞ시고말ᄉᆞᆷᄒᆞ시ᄃᆡ너희몸을제ᄉᆞ쟝의게가셔뵈이라ᄒᆞ시니병인들이갈동안에다나핫지라그즁에ᄒᆞᆫ병인이저ㅣ가나ᄒᆞᆫ거슬보고예수ᄭᅴ도라와셔압헤ᄭᅮᆯ어안자저를곳치심으로감샤ᄒᆞ거ᄂᆞᆯ예수ㅣᄀᆞᆯᄋᆞ샤ᄃᆡ병나ᄒᆞᆫ사ᄅᆞᆷ이열이아니냐아홉은어ᄃᆡ잇ᄂᆞ뇨다만ᄒᆞᆫ사ᄅᆞᆷ만하ᄂᆞ님이제게ᄒᆞ신일을감샤ᄒᆞ려온다ᄒᆞ시더

라우리가싱각훌거슨아모쌔라도병이잇다가다시낫거던하ᄂᆞ님쎄감사훌거시니하ᄂᆞ님이낫게ᄒᆞ지아니시면의원과약이능히곳치지못ᄒᆞᄂᆞ니라 ○ 예수가ᄒᆞᆫ비유로말솜ᄒᆞ시ᄃᆡᄒᆞᆫ사롬이예루살넴에셔예리코라ᄒᆞᄂᆞᆫ셩으로갈시예루살넴에셔예리코가ᄂᆞᆫ길이ᄆᆡ우적막ᄒᆞᆫ매길ᄆᆞ에도적숨ᄂᆞᆫ바회와굴이잇더라그사롬이그길에지나갈쌔홀연이도적이숨엇던곳에셔나와셔그사롬을붓잡고가진거슬다쌔앗고닙은의복ᄭᆞ지벗기고그ᄲᅮᆫ아니라그사롬을쳐셔샹ᄒᆞ야거의죽게된후에ᄇᆞ리고갓더라그사롬이긔운이업서ᄯᅡ에누엇슬쌔ᄒᆞᆫ졔ᄉᆞ장이그길로오더니그마진사롬이유대사롬이오그졔ᄉᆞ장도유대사롬이라이ᄲᅮᆫ아니라셩뎐에잇서모든빅셩을하ᄂᆞ님쎄슌종ᄒᆞ고다른사롬을ᄉᆞ랑ᄒᆞ라고ᄆᆞᄅᆞ치ᄂᆞᆫ교ᄉᆞ러라그런즉우리가싱각건ᄃᆡ그졔ᄉᆞ장이뎡녕그불샹히마진유대사롬의게착ᄒᆞᆫ계훌뜻ᄒᆞᆫᄃᆡ그졔ᄉᆞ장이그리ᄒᆞ지아니ᄒᆞ고그사롬의게갓가이왓슬쌔못본것ᄀᆞᆺ치ᄒᆞ고길더편으로지나가니그졔ᄉᆞ장이그러케ᄒᆞᆫ거슨그사롬을구원ᄒᆞ기가고롭고다른사롬의게돈을주어그사롬을구ᄒᆞ게ᄒᆞ기를원ᄒᆞ지아니홈이러라그졔ᄉᆞ장이지나간후에ᄯᅩᄒᆞᆫ레위사롬이그길노오니레위사롬도유대사롬이오졔ᄉᆞ장들을도아셔빅셩을하ᄂᆞ님쎄슌종ᄒᆞ고다른사롬의게착ᄒᆞ게홈을ᄆᆞᄅᆞ쳐주ᄂᆞᆫ사롬이러라그러나그사롬이그샹ᄒᆞᆫ사롬을구ᄒᆞ지아니ᄒᆞ고졔ᄉᆞ장쳐로지나가며그사롬을누은대로두고가더니그졔ᄉᆞ장과레위사롬이다

지나간후에ᄒᆞᆫ사마리단사ᄅᆞᆷ이거긔왓시니우리가본바
유대사ᄅᆞᆷ과사마리단사ᄅᆞᆷ이서로시비ᄒᆞ야원수가되엿
시매서로친ᄒᆞ지아니ᄒᆞᆫ지라그사마리단사ᄅᆞᆷ이샹ᄒᆞᆫ유
대사ᄅᆞᆷ을돕지아니ᄒᆞ고가기가피이치아니ᄒᆞᆫ대그사마
리단사ᄅᆞᆷ이그사ᄅᆞᆷ을보고블샹히녁여그사ᄅᆞᆷ의샹ᄒᆞᆫ곳
을낫게ᄒᆞ려고기름과술을발으고ᄡᅡ미고그사ᄅᆞᆷ을드러
셔저ᄐᆞ던말ᄭᅴᄐᆞ이우고갓가온쥬막에가서온밤을구원
ᄒᆞ고그잇흔날돈을내여쥬막쥬인을주며ᄀᆞᆯᄋᆞ되이샹ᄒᆞᆫ
유대사ᄅᆞᆷ을구원ᄒᆞ라나ㅣ가쥰돈보다더쓰면나ㅣ가도
라올ᄯᅢ갑ᄒᆞ리라ᄒᆞ더라이비유에우리가다른사ᄅᆞᆷ의게
친구와이웃되ᄂᆞᆫ거ᄉᆞᆯ뵈거시니ᄀᆞᆺᄒᆞᆫ나라에잇슴으로우
리이웃되ᄂᆞᆫ거시아니라비록ᄀᆞᆺᄒᆞᆫ교중에잇서도이웃시

아니니그졔ᄉᆞ쟝과레위사ᄅᆞᆷ은그샹ᄒᆞᆫ유대사ᄅᆞᆷ과ᄀᆞᆺᄒᆞᆫ
나라와ᄀᆞᆺᄒᆞᆫ교중에잇스ᄃᆡ이웃시되지아니ᄒᆞ고다른나
라사마리단사ᄅᆞᆷ은그샹ᄒᆞᆫ유대사ᄅᆞᆷ의이웃시되엿스니
이ᄂᆞᆫ착ᄒᆞᆫ계훈연고ㅣ라예수가이비유로우리를ᄀᆞᄅᆞ치
신거ᄉᆞᆫ우리가맛당히사마리단사ᄅᆞᆷ과ᄀᆞᆺ치싱소ᄒᆞᆫ사ᄅᆞᆷ
이던지원수되던지아모사ᄅᆞᆷ의계라도착ᄒᆞ게ᄒᆞ여야ᄎᆞᆷ
이웃과친구가될지라ᄒᆞ심이라○예수가예루살넴에셔
갓가온베다니라ᄒᆞᄂᆞᆫ동닉에오시니마타라ᄒᆞᄂᆞᆫ녀인이
거긔살더니예수가제집으로오심을쳥ᄒᆞ엿스니마타가
마리아라ᄒᆞᄂᆞᆫ누의가잇더라예수가그집에오시니마리
아가제일을긋치고예수압헤안저ᄀᆞᄅᆞ치심을듯고저ᄒᆞ
매마타가홀로일을ᄒᆞᆷ으로제누의게셩내여예수ᄭᅴ와셔

청ᄒᆞ야골ᄋᆞ되마리아를보내여씨일을돕게ᄒᆞ쇼셔ᄒᆞ거ᄂᆞᆯ예수가마라ᄃᆞ려닐ᄋᆞ샤ᄃᆡ마리아가네ᄆᆞᄅᆞ침을듯는거시올흔일이라여러가지일즁에우리게ᄀᆞ쟝요긴ᄒᆞᆫ일ᄒᆞ나만잇는지라마리아가그거슬골희엿스니가히셰앗지못ᄒᆞ리라ᄒᆞ시니예수ᄯᅳᆺ에마리아가제죄용셔됨을엇고저ᄒᆞ는고로ᄆᆞ음에하ᄂᆞ님을ᄉᆞ랑ᄒᆞ고하ᄂᆞ님의ᄯᅳᆺ이되기를골희엿다ᄒᆞ시더라

뎨십ᄉᆞ장 예수가뎨ᄌᆞ들을하ᄂᆞ님ᄭᅴ빌ᄯᅢ말ᄒᆞ는거슬ᄀᆞᄅᆞ치셧스니하ᄂᆞ님ᄭᅴ빌ᄯᅢ에맛당히말ᄒᆞ기를하ᄂᆞᆯ에계신우리아바지일홈이거륵ᄒᆞ심이나타나옵시며나라히림ᄒᆞ옵시며ᄯᅳᆺ시하ᄂᆞᆯ에셔처럼ᄯᅡ에셔도일우여지이다오ᄂᆞᆯ날우리의게일용ᄒᆞᆯ량식을주옵시고우리가우리게득죄ᄒᆞᆫ쟈를샤ᄒᆞ야주는것ᄀᆞᆺ치우리죄를샤ᄒᆞ야주옵시며우리가시험에들지말게ᄒᆞ옵시고다만우리를흉악에셔구ᄒᆞ옵쇼셔 대개나라와권셰와영광이영원이잇ᄉᆞ옵ᄂᆞ이다 아멘

우리쥬예수가당신ᄉᆞ도의게이긔도를ᄀᆞᄅᆞ치셧스니이거시쥬의긔도ㅣ라그ᄉᆞ도들ᄃᆞ려만그러케빌나ᄒᆞ심이아니라우리ᄃᆞ려도그러케ᄒᆞ라ᄒᆞ심이니○우리가이긔도를말ᄒᆞᆯᄯᅢ맛당히이ᄯᅳᆺ을ᄉᆡᆼ각ᄒᆞᆯ거시라만일그러케아니ᄒᆞ고긔도ᄒᆞ는거슬뎡녕이엇기를원ᄒᆞ지아니면하ᄂᆞ님이우리긔도를듯지아니시고우리구ᄒᆞ는거슬주지아니시ᄂᆞ니라쥬의긔도에잇는말을ᄇᆞᆰ히노라하ᄂᆞᆯ에계신우리아바지라ᄒᆞ는거슨우리가하ᄂᆞ님ᄭᅴ말ᄒᆞ는거시니

하ᄂᆞ님은텬당에계신우리아바지오우리는하ᄂᆞ님의아ᄃᆞᆯ들이라우리가이셰샹에아바지와어마니가잇서우리를ᄉᆞ랑ᄒᆞ고보호ᄒᆞᄃᆡ텬당에계신우리아바지는그보다우리를더ᄉᆞ랑ᄒᆞ시고보호ᄒᆞ시ᄂᆞ니우리가맛당히하ᄂᆞ님을뎨일ᄉᆞ랑ᄒᆞᆯ거시니라일홈이거룩ᄒᆞ옵쇼셔ᄒᆞᄂᆞᆫ거ᄉᆞᆫ하ᄂᆞ님일홈이놉ᄒᆞ시고거룩ᄒᆞ시니우리들이하ᄂᆞ님일홈을조심ᄒᆞ야말ᄒᆞ기를ᄒᆞᆼ샹긔억ᄒᆞ면이거시거룩ᄒᆞ게ᄒᆞᄂᆞᆫ거시라셩내거나말ᄒᆞᆯᄯᅢ심각지못ᄒᆞ거나혹실업서하ᄂᆞ님의거룩ᄒᆞ신일홈을말ᄒᆞᄂᆞᆫ거시다큰죄라우리들이하ᄂᆞ님일홈이거룩ᄒᆞ옵심을말ᄒᆞᆯᄯᅢ하ᄂᆞ님ᄭᅴ우리와다른사ᄅᆞᆷ들이다시이죄를짓지말게ᄒᆞ심을쳥ᄒᆞᆯ거시니라

나라히림ᄒᆞ옵쇼셔ᄒᆞᄂᆞᆫ거ᄉᆞᆫ하ᄂᆞ님이우리아바지ᄲᅮᆫ아니오ᄯᅩ우리님금이시니하ᄂᆞ님을슌죵ᄒᆞᄂᆞᆫ모든ᄇᆡᆨ셩들은하ᄂᆞ님나라에ᄆᆡ엿것마ᄂᆞᆫ여러ᄇᆡᆨ셩들이사탄을슌죵ᄒᆞ야제님금을삼ᄂᆞ니그러므로사탄도ᄯᅩᄒᆞᆫ나라히잇ᄂᆞᆫ지라우리가쥬의긔도를말ᄒᆞᆯᄯᅢ하ᄂᆞ님나라히림ᄒᆞ옵쇼셔ᄒᆞᄂᆞᆫ거ᄉᆞᆫ사탄의나라ᄂᆞᆫ업게ᄒᆞ시고모든ᄇᆡᆨ셩들로하ᄂᆞ님나라에ᄆᆡ이게ᄒᆞ심을쳥ᄒᆞᄂᆞᆫ거시라

ᄯᅳᆺ이하ᄂᆞᆯ에셔처럼ᄯᅡ에셔도일우옵쇼셔ᄒᆞᄂᆞᆫ거ᄉᆞᆫᄇᆡᆨ셩들이하ᄂᆞ님을슌죵ᄒᆞᆯᄯᅢ하ᄂᆞ님ᄯᅳᆺ이일옴이니텬ᄉᆞ들이텬당에잇서하ᄂᆞ님을슌죵ᄒᆞᄂᆞᆫ고로하ᄂᆞ님ᄯᅳᆺ이텬당에셔일운줄을우리가알거시오ᄯᅩ셰샹에사ᄂᆞᆫ엇던ᄇᆡᆨ셩들은하ᄂᆞ님을슌죵ᄒᆞ거니와우리가이긔도ᄒᆞᄂᆞᆫ거ᄉᆞᆫ셰샹

에사ᄂᆞᆫ사ᄅᆞᆷ마다맛당히하ᄂᆞ님을슌죵ᄒᆞ야텬당에텬ᄉᆞ
들이하ᄂᆞ님ᄯᅳᆺ을일움과ᄀᆞᆺ치ᄒᆞ옵심을쳥ᄒᆞᄂᆞᆫ거시라
오ᄂᆞᆯ날우리게일용ᄒᆞᆯ량식을주옵쇼셔ᄒᆞᄂᆞᆫ거ᄉᆞᆫ우리가
육신살기를위ᄒᆞ야날마다먹을음식이잇서야쓸거시니
어졔ᄂᆞᆫ쇼원대로먹엇서도오ᄂᆞᆯ과내일ᄯᅡ살동안에날마
다먹ᄂᆞᆫ음식이잇서야쓸거시라날마다맛당히먹을거시
일용ᄒᆞᆯ량식이라오ᄂᆞᆯ날일용ᄒᆞᆯ량식을주옵쇼셔ᄒᆞᄂᆞᆫ거
ᄉᆞᆫ하ᄂᆞ님ᄭᅴ달나ᄒᆞᄂᆞᆫ거시니라혹우리부모와친구가우
리의계량식을주ᄂᆞᆫ고로하ᄂᆞ님ᄭᅴ로좃차오지아니ᄒᆞᄂᆞᆫ
것ᄀᆞᆺ치녁이나하ᄂᆞ님이일ᄒᆞᄂᆞᆫ힘과돈을주시지아니면
부모와친구가우리게줄수가업ᄂᆞ니라그러므로우리일
용ᄒᆞᆯ량식을주시ᄂᆞᆫ이ᄂᆞᆫ하ᄂᆞ님이시니우리가맛당히이

거ᄉᆞᆯ하ᄂᆞ님ᄭᅴ빌고우리게주신거ᄉᆞᆯ감샤ᄒᆞᆯ거시니라우
리가우리게득죄ᄒᆞᆫ쟈를샤ᄒᆞ야주ᄂᆞᆫ것ᄀᆞᆺ치우리죄를샤
ᄒᆞ야주옵쇼셔ᄒᆞᄂᆞᆫ거ᄉᆞᆫ우리가하ᄂᆞ님ᄭᅴ우리죄를사ᄒᆞ
야주심을쳥ᄒᆞᆯ진대맛당히다른사ᄅᆞᆷ이우리게득죄ᄒᆞᆫ거
ᄉᆞᆯ우리가용셔ᄒᆞᆯ거시니이거도에하ᄂᆞ님ᄭᅴ우리가다른
사ᄅᆞᆷ용셔ᄒᆞᆷ과ᄀᆞᆺ치우리를용셔ᄒᆞ심을쳥ᄒᆞᄂᆞᆫ거시니그
런즉우리가다른사ᄅᆞᆷ을용셔ᄒᆞ지아니ᄒᆞ면하ᄂᆞ님ᄭᅴ우
리죄용셔ᄒᆞ시기를ᄇᆞ랄수가업ᄂᆞ니라우리를시험에들
지말게ᄒᆞ옵쇼셔ᄒᆞᄂᆞᆫ거ᄉᆞᆫ엇던사ᄅᆞᆷ이우리를ᄭᅬ여하ᄂᆞ
님을깃부시게아니ᄒᆞᄂᆞᆫ일을ᄒᆞ라ᄒᆞ야시험에들어가게
ᄒᆞᄂᆞ니사탄이자조우리를시험에들게ᄒᆞ고ᄯᅩ혹우리로
악ᄒᆞᆫᄆᆞ음과악ᄒᆞᆫ친구들이우리를유인ᄒᆞᄂᆞ니우리가서

험에들지말게ᄒᆞ옵쇼셔ᄒᆞᄂᆞᆫ거ᄉᆞᆫ사탄이나아모사ᄅᆞᆷ이
나우리를유인ᄒᆞ야하ᄂᆞ님을로ᄒᆞ시게말기를쳥ᄒᆞᄂᆞᆫ거
시니라우리를흉악에셔구ᄒᆞ옵쇼셔ᄒᆞᄂᆞᆫ거ᄉᆞᆫ흉악이두
가지가잇스니ᄒᆞᆫ가지ᄂᆞᆫ그릇ᄒᆞ야죄짓ᄂᆞᆫ거시니뎨일악
ᄒᆞᆫ거시오ᄯᅩᄒᆞᆫ가지ᄂᆞᆫ질병과고ᄉᆡᆼ과근심이니우리가하
ᄂᆞ님을ᄉᆞ랑ᄒᆞ고슌종ᄒᆞ면하ᄂᆞ님이이두가지흉악에셔
구ᄒᆞ시ᄂᆞ니라나라히림ᄒᆞ옵쇼셔ᄒᆞᄂᆞᆫ거ᄉᆞᆫ님금이다ᄉᆞ
리ᄂᆞᆫ따이곳나라히니이세상에여러나라와님금이잇스
티하ᄂᆞ님은님금들의님금이신고로그님금들과그나라
들을다ᄉᆞ리시고ᄯᅩ텬당에도님금이잇스니그러므로
우리가나라히림ᄒᆞ옵쇼셔말ᄒᆞᄂᆞ니라권셰가잇스옵ᄂᆞ
니다ᄒᆞᄂᆞᆫ거ᄉᆞᆫ쥬의긔도에우리가쳥ᄒᆞᄂᆞᆫ거ᄉᆞᆯ하ᄂᆞ님만
주시ᄂᆞᆫ권셰가잇고아모도능히우리를사탄의유감ᄒᆞᆷ과
질병과근심에셔구ᄒᆞ고죄를용셔ᄒᆞ야주ᄂᆞᆫ이가업ᄂᆞ니
라영광이영원이잇스옵ᄂᆞ니다ᄒᆞᄂᆞᆫ거ᄉᆞᆫ영광ᄯᅳᆺ이찬송
ᄒᆞ고공경ᄒᆞᄂᆞᆫ거시라○셔국에이런풍쇽이잇스니엇던
ᄉᆡ님금이나미우놉흔사ᄅᆞᆷ이셩에지나갈ᄉᆡ모든ᄇᆡᆨ셩들
이거리에나오며문압희셔긔를흔들며님금의일홈을부
르고저희들이님금뵈옵ᄂᆞᆫ거시엇더케깃븜을보이ᄂᆞ니
그런즉그님금이찬송과공경과영광을밧ᄂᆞᆫ거시니라우
리가하ᄂᆞ님ᄭᅴ그모양과ᄀᆞᆺ치찬송ᄒᆞᄂᆞᆫ거시아니라○하
ᄂᆞ님이올ᄒᆞ시고놉ᄒᆞ시고우리계착ᄒᆞ신고로우리가노
래ᄒᆞ며ᄆᆞ음에찬송ᄒᆞᄂᆞᆫ거시니라ᄯᅩ모든텬ᄉᆞ들은텬당
에셔하ᄂᆞ님ᄭᅴ찬송ᄒᆞ고공경ᄒᆞᄂᆞ니그러므로하ᄂᆞ님의

나라와권세와영광이잇ᄉᆞᆸ고또영원이잇겟ᄉᆞᆸᄂᆞ니다ᄒᆞᄂᆞᆫ뜻시니우리가아멘이라말ᄒᆞᄂᆞᆫ뜻은긔도ᄒᆞᆫ대로하ᄂᆞ님이일우어주시기를ᄇᆞ라ᄂᆞᆫ뜻시라

예수가ᄉᆞ도들ᄃᆞ려이긔도만ᄒᆞ라ᄒᆞ심이아니라목어시던지원ᄒᆞᄂᆞᆫ대로긔도ᄒᆞ라ᄒᆞ셧시니그러케ᄒᆞ면하ᄂᆞ님이주시리라ᄒᆞ시니라또ᄉᆞ도들ᄃᆞ려무ᄅᆞ시되너ㅣ가녀희아ᄃᆞᆯ들이구ᄒᆞᄂᆞᆫ거ᄉᆞᆯ주지아니ᄒᆞ겟ᄂᆞ냐만일ᄒᆞᆫ아ᄃᆞᆯ이ᄯᅥᆨ을달나ᄒᆞ면ᄃᆞᆯ을먹으라고주겟ᄂᆞ냐또ᄉᆡᆼ선을달나ᄒᆞ면ᄇᆡ얌을주겟ᄂᆞ냐너희가됴ᄒᆞᆫ물건으로너희아ᄃᆞᆯ을줄진대하ᄂᆞ님이뎡녕됴ᄒᆞᆫ거ᄉᆞ로ᄉᆞ랑ᄒᆞ고구ᄒᆞᄂᆞᆫ쟈의게주시리라ᄒᆞ시니라예수가열두ᄉᆞ도외에칠십뎨ᄌᆞ를더ᄀᆞᆯ희샤가셔ᄇᆡ셩의게복음을ᄀᆞᄅᆞ치게ᄒᆞ시니그칠십뎨ᄌᆞ들이가셔예수닐ᄋᆞ신대로젼도ᄒᆞ고도라와셔저희들ᄒᆞᆫ일을예수ᄭᅴ엿ᄌᆞ오니라예수가젼도ᄒᆞ려보내실ᄯᅢᄉᆞ도들의게권능을주신고로ᄉᆞ도들이능히샤귀들닌사ᄅᆞᆷ의게셔샤귀를쫏찻슴을깃거ᄒᆞ거ᄂᆞᆯ예수가뎨ᄌᆞ들ᄃᆞ려닐ᄋᆞ시되샤귀가너희를슌죵ᄒᆞᄂᆞᆫ거ᄉᆞᆯ그러케깃거ᄒᆞᆯ거시아니라하ᄂᆞ님이너희죄를용셔ᄒᆞ시고당신아ᄃᆞᆯ을삼으셧시니이거ᄉᆞᆯ더깃거ᄒᆞᆯ거시니라ᄒᆞ시더라

뎨십오장 예수가레ᄇᆡ일에셩뎐으로좃차오실시ᄒᆞᆫ눈먼사ᄅᆞᆷ이거리에셔셔비ᄂᆞᆫ거ᄉᆞᆯ보시고예수가머므르샤ᄯᅡ에춤밧하진흙을문ᄃᆞ러그사ᄅᆞᆷ눈에너흐시고닐너ᄀᆞᆯᄋᆞ샤ᄃᆡ실오암못셰가셔눈을씨스라ᄒᆞ시니그쇼경이가셔씻고도라올ᄯᅢ능히보더라그진흙파못믈이낫게ᄒᆞᆫ거시

아니라예수가그사ᄅᆞᆷ을보게ᄒᆞ심이러라젼에그쇼경을알던니웃사ᄅᆞᆷ들이그쇼경이다른사ᄅᆞᆷ과ᄀᆞᆺ치인도ᄒᆞᆷ이업시혼자걸어ᄃᆞ니ᄂᆞᆫ거ᄉᆞᆯ보고놀나ᄀᆞᆯᄋᆞᄃᆡ이사ᄅᆞᆷ이거ᄃᆡ에셔셔빌던쇼경이아니냐엇던사ᄅᆞᆷ은ᄀᆞᆯᄋᆞᄃᆡ아니라보기에그와ᄀᆞᆺᄒᆞᆫ다른사ᄅᆞᆷ이라ᄒᆞ거ᄂᆞᆯ그사ᄅᆞᆷ이친히말ᄒᆞᄃᆡ과연나ㅣ가그사ᄅᆞᆷ이로라ᄒᆞ니그사ᄅᆞᆷ들이뭇ᄃᆡ엇지능히보ᄂᆞ뇨그사ᄅᆞᆷ이ᄃᆡ답ᄒᆞᄃᆡ예수라ᄒᆞᄂᆞᆫ사ᄅᆞᆷ이내눈에진흙을넛코나ᄃᆞ려닐ᄋᆞᄃᆡ실오암못세가셔씨시라ᄒᆞ기로나ㅣ가가셔씨신후에능히보노라ᄒᆞ니그사ᄅᆞᆷ의게니아기ᄒᆞ던유대사ᄅᆞᆷ들이예수가더ᄅᆞᆯ보게ᄒᆞ엿다ᄒᆞᆷ을의심ᄒᆞ고그사ᄅᆞᆷ을ᄃᆞ리고바리새사ᄅᆞᆷ들의게오니우리가본바바리새사ᄅᆞᆷ들은올흔사ᄅᆞᆷ이아니오거ᄌᆞᆺ착ᄒᆞᆫ

ᄯᅢᄒᆞᄂᆞᆫ사ᄅᆞᆷ이라ᄯᅩ예수가더희ᄆᆞᄋᆞᆷ을보고악ᄒᆞᆫ싱각ᄒᆞᆷ을아ᄂᆞᆫ고로예수를뮈워ᄒᆞ더니그ᄇᆡᆨ셩들이쇼경되엿던사ᄅᆞᆷ을ᄃᆞ리고왓슬ᄯᅢ바리새사ᄅᆞᆷ들이그사ᄅᆞᆷᄃᆞ려엇지ᄒᆞ야나핫ᄂᆞ냐무ᄅᆞᆫᄃᆡ그사ᄅᆞᆷ이예수가져ᄅᆞᆯ곳쳣다말ᄒᆞ거ᄂᆞᆯ바리새사ᄅᆞᆷ들이예수의게히물을잡아말ᄒᆞᄃᆡ하ᄂᆞ님이우리ᄃᆞ려례ᄇᆡ일에ᄂᆞᆫ일ᄒᆞ지말나ᄒᆞ셧스니예수가례ᄇᆡ일에사ᄅᆞᆷ을곳쳐지아니ᄒᆞᆯ거시라ᄒᆞ니하ᄂᆞ님이더희ᄃᆞ려가난ᄒᆞᆫ사ᄅᆞᆷ과병든사ᄅᆞᆷ은아모날이라도도아주라ᄒᆞ셧것마ᄂᆞᆫ예수가례ᄇᆡ일에이일ᄒᆞ심을칙망ᄒᆞᄂᆞᆫ거슨다만예수를뮈워ᄒᆞ야허물을잡고져ᄒᆞᆷ이러라바리새사ᄅᆞᆷ들이쇼경되엿던사ᄅᆞᆷ의부모의게가셔말ᄒᆞᄃᆡ이사ᄅᆞᆷ이갓낫실ᄯᅢ브터쇼경되엿다말ᄒᆞ던네아ᄃᆞᆯ이아니냐

엇지지금능히보ᄂᆞ뇨그사ᄅᆞᆷ의부모가ᄃᆡ답ᄒᆞᄃᆡ이거시우리아ᄃᆞᆯ이오ᄯᅩ갓낫실ᄯᅢ브터쇼경인줄을알엇거니와엇지ᄒᆞ야지금능히보ᄂᆞᆫ지알지못ᄒᆞ니제가말ᄒᆞᆯ만ᄒᆞᆫ나히니저ᄃᆞ려무러보라그사ᄅᆞᆷ의부모가그러케ᄃᆡ답ᄒᆞᆫ거ᄉᆞᆫ만일예수가제아ᄃᆞᆯ을곳쳣다ᄒᆞ면바리새사ᄅᆞᆷ들이셩내여저희를해롭게ᄒᆞᆯ가두려워ᄒᆞᆷ이러라바리새사ᄅᆞᆷ들이그사ᄅᆞᆷ을다시블너닐ᄋᆞᄃᆡ예수가너를곳쳣다ᄒᆞ고감샤ᄒᆞᆯ거시아니라ᄒᆞᄂᆞ님ᄭᅴ감샤ᄒᆞ라ᄒᆞ니대개저희가예수를죄인으로아ᄂᆞᆫ연고ㅣ러라그사ᄅᆞᆷ이ᄃᆡ답ᄒᆞᄃᆡ너희예수를그러케말ᄒᆞᄂᆞᆫ거시괴이ᄒᆞᆫ일이로다만일예수가죄인이면ᄒᆞᄂᆞ님이예수를도으샤나를낫게ᄒᆞ시지아니ᄒᆞᆯ거시오ᄯᅩᄒᆞᄂᆞ님이도읍지아니시면예수가그러케ᄒᆞ시

지못ᄒᆞ리라갓낫슬ᄯᅢ브터쇼경된사ᄅᆞᆷ을곳쳐셔보게ᄒᆞ셧스니이런령젹은젼에듯지도못ᄒᆞ엿노라ᄒᆞ니바리새사ᄅᆞᆷ들이미워셤내여그사ᄅᆞᆷ을저의친구집에가ᄂᆞᆫ것과회당에가ᄂᆞᆫ거슬다금ᄒᆞ니대개그사ᄅᆞᆷ을형별ᄒᆞ고저ᄒᆞᆷ이러라예수가바리새사ᄅᆞᆷ들이그사ᄅᆞᆷ의게ᄒᆞᆫ일을드ᄅᆞ시고그사ᄅᆞᆷ을맛나보실ᄯᅢ무ᄅᆞ시ᄃᆡ너ㅣ가ᄒᆞᄂᆞ님아ᄃᆞᆯ을밋ᄂᆞ냐그사ᄅᆞᆷ이ᄃᆡ답ᄒᆞᄃᆡ쥬여누구잇가날노ᄒᆞ여곰밋게ᄒᆞ쇼셔그사ᄅᆞᆷ이이러케무ᄅᆞᆫ거ᄉᆞᆫ예수가제ᄂᆞᆫ곳친줄만알고예수가누구신줄은아지못ᄒᆞᆷ이러라예수ㅣ글ᄋᆞ샤ᄃᆡ너ᄃᆞ려말ᄒᆞᄂᆞᆫ이가ᄒᆞᄂᆞ님아ᄃᆞᆯ이라ᄒᆞ시니그사ᄅᆞᆷ이이말ᄉᆞᆷ을듯고골ᄋᆞᄃᆡ쥬여나ㅣ가밋ᄂᆞ이다ᄒᆞ고예수압희ᄭᅮᆯ어절ᄒᆞ더라예수가뎨ᄌᆞ들ᄃᆞ려말ᄉᆞᆷᄒᆞ시ᄃᆡ나

ㅣ가착ᄒᆞᆫ목쟈ㅣ니내양들을아노라ᄒᆞ시니예수ᄯᅳᆺ에당
신이뎨ᄌᆞ들의게목쟈ᄀᆞᆺ고뎨ᄌᆞ들은양의무리ᄀᆞᆺᄒᆞ니당
신이뎨ᄌᆞ들을ᄉᆞ랑ᄒᆞ시고보호ᄒᆞ시ᄂᆞᆫ연고ㅣ라그나라
예셔ᄂᆞᆫ목쟈들이약의무리압회셔셔가면양이ᄯᆞ라가고
양마다일홈이잇고ᄯᅩ목쟈의소리를알매부르면오ᄂᆞ니
라목쟈가제양과밤시도록잇셔셔일ᄒᆞᆯᄯᅢ직희며ᄯᅩ들즘
승들이해ᄒᆞᆯᄯᅢ보호ᄒᆞ더라예수ᄅᆞᆯᄉᆞ랑ᄒᆞᄂᆞᆫ사ᄅᆞᆷ은예수
ᄅᆞᆯ뵈옵지못ᄒᆞ되예수가ᄒᆞᆼ상이러케ᄀᆞᆺ치계시샤마귀가
그사ᄅᆞᆷ들을해ᄒᆞᆯᄯᅢ직희시고텬당에올나가ᄂᆞᆫ길노이뎨
ᄌᆞ들을인도ᄒᆞ시ᄂᆞ니라○우리본바예수가베다니에게
실ᄯᅢ마타라ᄒᆞᄂᆞᆫ녀인이예수ᄅᆞᆯ제집으로쳥ᄒᆞ엿ᄂᆞ니마
타가마리아라ᄒᆞᄂᆞᆫ누의가잇셔셔예수가섯ᄉᆞᆯᄯᅢ에압헤
안저마ᄅᆞ치심을드릿ᄂᆞ니라마타와마리아가동싱라사
로가잇더니예수가베다니에셔나신후에라사로가병이
잇ᄂᆞᆫ지라제누의둘이예수ᄭᅴ편지ᄅᆞᆯ보내여제동싱이병
이잇슴을말ᄒᆞ엿ᄂᆞᆫ지라예수가마타와마리아와라사로
ᄅᆞᆯᄉᆞ랑ᄒᆞ되그긔별드ᄅᆞ신후에즉시가지아니ᄒᆞ시고계
시던곳에셔잇흘을더머므시더니뎨ᄌᆞ들ᄃᆞ려말ᄉᆞᆷᄒᆞ샤
듸우리가베다니에가셔우리친구라사로가잠들엇슴을
ᄭᅢ가셔우리라ᄒᆞ시니예수ㅣ라사로가죽엇심을다시살
니려ᄯᅳᆺᄒᆞ심이라예수와뎨ᄌᆞ들이베다니에갓가이가시
니마타ᄂᆞᆫ즉시마죵나오고마리아ᄂᆞᆫ집에잇더라마타가
예수ᄅᆞᆯ맛ᄂᆞᆫ후에말ᄒᆞ되쥬가만일진쟉오셧더면내동싱
이죽지아니ᄒᆞ엿겟ᄂᆞ이다ᄒᆞ니마타가예수ᄭᅴ셔하ᄂᆞ님

의권능이잇ᄂᆞᆫ고로리사로죽ᄂᆞᆫ거ᄉᆞᆯ능히구ᄒᆞ엿슬만ᄒᆞᆷ을알더라마타가집에도라가셔마리아ᄃᆞ려예수오십을닐ᄋᆞ니마리아가ᄯᅩ급히이러나나아가셔예수를마즐시제동싱이죽엇슴으로울거ᄂᆞᆯ예수가마리아와마리아의친구들이우ᄂᆞᆫ거ᄉᆞᆯ보시고ᄆᆞ우슬퍼ᄒᆞ샤예수ㅣᄯᅩᄒᆞᆫ우시니거긔왓던ᄇᆡᆨ셩들이말ᄒᆞᄃᆡ예수가라사로를엇더케ᄉᆞ랑ᄒᆞᄂᆞᆫ가보려ᄒᆞ더니예수가ᄇᆡᆨ셩들ᄃᆞ려무ᄅᆞ시ᄃᆡ라로사롤어ᄃᆡ장ᄉᆞᄒᆞ엿ᄂᆞ냐ᄇᆡᆨ셩들이예수를뫼시고무덤에가니라유대국에장ᄉᆞ지내ᄂᆞᆫ법은시톄를굴속에두더라그무덤문에ᄒᆞᆫ돌을세웟더니예수가말ᄉᆞᆷᄒᆞ시ᄃᆡ이돌을옴기라ᄒᆞ시니돌을옴긴후에예수가큰소리로부ᄅᆞ시며라사로야나오너라ᄒᆞ시니즉시라사로가손과발에죽엄옷슬닙고얼골에수건을싼대로무덤에셔살아나오니예수가거긔셧ᄂᆞᆫᄇᆡᆨ셩들ᄃᆞ려닐ᄋᆞ시ᄃᆡ이사ᄅᆞᆷ을플어주어가게ᄒᆞ라ᄒᆞ시니여러ᄇᆡᆨ셩들이예수ᄒᆞ신큰령적을본후에예수가하ᄂᆞ님아ᄃᆞᆯ인줄을밋더라엇던사ᄅᆞᆷ들이바리새사ᄅᆞᆷ의게저희본일을닐ᄋᆞ니바리새사ᄅᆞᆷ들이깃거아니ᄒᆞ야ᄒᆞᆫ사ᄅᆞᆷ도예수밋지안키를원ᄒᆞ야서로말ᄒᆞᄃᆡ우리가장ᄎᆞᆺ엇지ᄒᆞᆯ고만일길리에수의령적ᄒᆞᄂᆞᆫ거ᄉᆞᆯ굿치게아니ᄒᆞ면이스라엘ᄇᆡᆨ셩들이다예수를밋으리라ᄒᆞ야그ᄯᅢ브터예수죽이기를ᄭᅬᄒᆞ더라레ᄇᆡ일에예수가회당에가샤거긔온ᄇᆡᆨ셩들을ᄀᆞᄅᆞ치시더라그즁에열여ᄃᆞᆲ히알은녀인이잇스니그녀인의병은몸이곱부러저펴지못ᄒᆞ고니러셔지못ᄒᆞ더라예수가그녀인을보시고불너말

숨ᄒᆞ시ᄃᆡ녀인아네병이노히엿다ᄒᆞ시고손을그녀인의
게언지시시니즉시그녀인이몸을펴고나흔지라그녀인이
제병나흠을알고미우깃거ᄒᆞ야하ᄂᆞ님ᄭᅴ크게감샤ᄒᆞ거
늘그회당쥬쟝ᄒᆞᆫ사ᄅᆞᆷ이예수가이령젹ᄒᆞ심을셩내여바
리새사ᄅᆞᆷ들이ᄇᆡᆨ셩이예수밋ᄂᆞᆫ거슬즐거아니ᄒᆞᄂᆞᆫ것ᄀᆞᆺ
치말ᄒᆞ야ᄀᆞᆯᄋᆞᄃᆡ예수가례ᄇᆡ일에그녀인곳친거시하ᄂᆞ
님ᄭᅴ득죄ᄒᆞ엿다ᄒᆞ고ᄇᆡᆨ셩들ᄃᆞ려말ᄒᆞᄃᆡᄒᆞᆫ칠일에일ᄒᆞᆯ
날이륙일ᄲᅮᆫ이니누구던지병이잇서셔곳치고저ᄒᆞᆯ진대
례ᄇᆡ일에오지아니ᄒᆞᆯ거시라ᄒᆞ거ᄂᆞᆯ예수가회당쥬쟝과
당신을칙망ᄒᆞ던다른유대사ᄅᆞᆷ들ᄃᆞ려무러ᄀᆞᆯᄋᆞ샤ᄃᆡ례
ᄇᆡ일에ᄂᆞᆫ너희가마구간에쇼와나귀를풀어물을마시우
지아니ᄒᆞᄂᆞ냐만일말못ᄒᆞᄂᆞᆫ즘승의게이러케ᄒᆞᄂᆞᆫ거시

올ᄒᆞᆯ진대례ᄇᆡ일에불샹ᄒᆞᆫ녀인을낫게곳치ᄂᆞᆫ거시올치
아니ᄒᆞ냐예수ㅣ이말ᄉᆞᆷᄒᆞ신후에당신을칙망ᄒᆞ던사ᄅᆞᆷ
들은붓그러워ᄒᆞ고다른ᄇᆡᆨ셩들은예수ᄒᆞ신신긔ᄒᆞᆫ일을
깃거ᄒᆞ더라

뎨십륙쟝 다른날에예수가바리새사ᄅᆞᆷ사ᄂᆞᆫ집에드러가
샤ᄒᆞᆫ비유를말ᄉᆞᆷᄒᆞ시ᄃᆡᄒᆞᆫ사ᄅᆞᆷ이큰잔치를배풀시음식
을상에놋코모든물건이다예비된후에제하인을보내여
쳥ᄒᆞᆫ사ᄅᆞᆷ의게올ᄯᅢ가되엿슴을닐ᄋᆞᄃᆡ그사ᄅᆞᆷ들이잔치
에오고저아니ᄒᆞ야각각오지못ᄒᆞᆯ평계를ᄒᆞ니처음사ᄅᆞᆷ
은말ᄒᆞᄃᆡᄯᅡᄒᆞᆯ삿시매가셔보겟스니가지못ᄒᆞᆷ을용셔ᄒᆞ
라ᄒᆞ고다른사ᄅᆞᆷ은말ᄒᆞᄃᆡ쇼다ᄉᆞᆺ쌍을삿스매일을잘ᄒᆞ
ᄂᆞᆫ가시험ᄒᆞ려가니용셔ᄒᆞ기를쳥ᄒᆞ노라ᄒᆞ고ᄯᅩ다른사

름은말ᄒᆞᄃᆡ장가를새로들엇스니가지못ᄒᆞᆫ노라ᄒᆞ거늘그하인이도라와셔그사름들의말을쥬인의게닐은ᄃᆡ그쥬인이그사름들을위ᄒᆞ야예비ᄒᆞᆫ잔치에그사름들이오고져아니ᄒᆞᆫ대ᄆᆡ우셩내여ᄌᆞ긔하인ᄃᆞ려닐ᄋᆞᄃᆡ이셩너거리에가셔맛ᄂᆞᆫ사름을다블너오라가난ᄒᆞᆫ던지절던지쇼경이던지잔치를먹게ᄃᆞ리고오라ᄒᆞ니대개몬져쳥ᄒᆞᆫ사름들이못오겟다ᄒᆞᆷ이러라예수의비유마다엇던거슬ᄯᅳᆺᄒᆞᆫ거슨니아기쳐로ᄯᅳᆺ기됴ᄒᆞ라고ᄒᆞ신거시아니라당신이우리로ᄒᆞ여곰알게ᄒᆞ고져ᄒᆞ시ᄂᆞᆫ일을알아듯고긔역ᄒᆞ게ᄒᆞ심이니이비유에잔치쥬인은하ᄂᆞ님을비ᄒᆞᆷ이오상에노흔음식은복음의됴흔긔별을비ᄒᆞᆷ이오쳥ᄒᆞᆫ여도못오겟다ᄒᆞᄂᆞᆫ사름들은당신이ᄆᆞᄅᆞ치신사름이복음을듯지아니ᄒᆞᄂᆞᆫ거슬비ᄒᆞᆷ이오그후에잔치에다려온사름들은당신말ᄉᆞᆷ을듯고슌죵ᄒᆞᄂᆞᆫ사름의게비ᄒᆞᆷ이오가난ᄒᆞᆫ고절고ᄂᆞᆫ먼사름들을다ᄃᆞ려온거슨하ᄂᆞ님이부쟈나가난ᄒᆞᆫ나병들엇스나셩ᄒᆞᆫ나아모사름이라도복음을좃고죄를용셔ᄒᆞᆷ을밧게ᄒᆞ려고원ᄒᆞᆫ신ᄯᅳᆺ이라예수가당신의ᄆᆞᄅᆞ치심을듯고져ᄒᆞ야온ᄇᆡᆨ셩의게닐너ᄀᆞᆯᄋᆞ샤ᄃᆡ너희들이내뎨ᄌᆞ되고져ᄒᆞᆯ진대너희십ᄌᆞ가를질머지고나를ᄯᆞ로라ᄒᆞ시니그ᄯᅳᆺ슨ᄇᆡᆨ셩들이맛당히예수의본을밧어어렵고고로올지라도올흔일을ᄒᆞᆯ거시라그른일ᄒᆞ기가올흔일ᄒᆞ기보다ᄆᆡ우쉽고즐거ᄒᆞ나우리가만일이올흔일을ᄒᆞ면십ᄌᆞ가를지ᄂᆞᆫ거시오올코하ᄂᆞ님을슌죵ᄒᆞᆷ으로어려온일ᄒᆞᄂᆞᆫ거시우리가십ᄌᆞ가를지ᄂᆞᆫ거시

니예수말ᄉᆞᆷ이우리가이런일을ᄒᆞ지아니면당신뎨ᄌᆞ가
되지못ᄒᆞ리라ᄒᆞᆫ십이라젼에악ᄒᆞᆫ일ᄒᆞ던사ᄅᆞᆷ들이예수
끠와셔ᄆᆞᄅᆞ쳐달나ᄒᆞ거ᄂᆞᆯ선비와바리새사ᄅᆞᆷ들이그사
ᄅᆞᆷ들온거ᄉᆞᆯ보고예수끠칙망ᄒᆞ야말ᄒᆞᄃᆡ예수가그사ᄅᆞᆷ
들을친구삼엇다ᄒᆞ거ᄂᆞᆯ예수가선비들파바리새사ᄅᆞᆷ들
의게젹은비유로말ᄉᆞᆷᄒᆞ시ᄃᆡ너희가양ᄇᆡᆨ마리가잇다가
ᄒᆞᆫ양을일흐면다ᄅᆞᆫ양을ᄯᅥ나셔일흔양을ᄎᆞ즈려가지아
니ᄒᆞ겟ᄂᆞ냐그양을ᄎᆞᄌᆞᆫ후에깃거ᄒᆞ야양을엇ᄭᅢ에메고
즐거히집에도라와셔친구와니웃사ᄅᆞᆷ의게말ᄒᆞᄃᆡ일헛
던양을ᄎᆞᄌᆞᆺ스매나와ᄀᆞᆺ치즐겁시다ᄒᆞ고ᄯᅩ열은젼잇던
녀인이ᄒᆞᆫ은젼을일ᄒᆞ면등불을발키고집을ᄡᅳᆯ고그거ᄉᆞᆯ
ᄎᆞᆺ도록ᄌᆞ세히ᄉᆞᆯ피지아니ᄒᆞ겟ᄂᆞ냐그녀인이그돈을ᄎᆞ

ᄌᆞᆫ후에니웃사ᄅᆞᆷ의게말ᄒᆞᄃᆡ내일헛던은젼을ᄎᆞᄌᆞᆺ스매
우리가다즐겁시다ᄒᆞ리라예수ㅣ두비유로선비들파바
리새사ᄅᆞᆷ들을ᄆᆞᄅᆞ치심은예수끠말ᄉᆞᆷᄃᆞᄅᆞ려온악ᄒᆞᆫ사
ᄅᆞᆷ들이그ᄅᆞᆫ일을ᄒᆞ고하ᄂᆞ님을슌종치아니ᄒᆞ엿스매
일헛던양파일헛던은젼파ᄀᆞᆺᄒᆞ나예수끠오ᄂᆞᆫ거ᄉᆞᆯ금ᄒᆞ
지아니ᄒᆞ시고도로혀ᄎᆞ저보고오기를권ᄒᆞ시ᄂᆞᆫ거ᄉᆞᆫ뎌
희들이죄를회ᄀᆡᄒᆞ고하ᄂᆞ님말ᄉᆞᆷ대로ᄒᆞ게ᄆᆞᄅᆞ치심이
라○예수ㅣ골ᄋᆞ샤ᄃᆡ엇던악ᄒᆞᆫ사ᄅᆞᆷ이던지죄를회ᄀᆡᄒᆞ
고하ᄂᆞ님슌종ᄒᆞ기를시작ᄒᆞ면텬당에잇ᄂᆞᆫ텬ᄉᆞ들도깃
거ᄒᆞᄂᆞ니라예수가ᄒᆞᆫ비유로말ᄉᆞᆷᄒᆞ시ᄃᆡ사ᄅᆞᆷ이두아ᄃᆞᆯ
이잇더니ᄒᆞᆫ날은젹은아ᄃᆞᆯ이제아비의게쳥ᄒᆞ야ᄀᆞᆯᄋᆞᄃᆡ
아ᄃᆞᆯ들위ᄒᆞ야둔돈을ᄂᆞᆫ호아주쇼셔그아비가반을주엇

더니몃날후에적은아ᄃᆞᆯ이제아비가준돈을다가지고제
집을ᄯᅥ나먼싀골로가셔거긔악ᄒᆞᆫ사ᄅᆞᆷ들을친구삼어곳
ᄎᆡ든니며악ᄒᆞᆫ일ᄒᆞ기에제돈을다허비ᄒᆞ더니돈이다업
셔진후에그ᄯᅡ에큰흉년이들고ᄯᅩᄯᅥᆨᄒᆞ나사먹을돈도녀
넉지못ᄒᆞᆫ지라그악ᄒᆞᆫ친구들은그사ᄅᆞᆷ이궁ᄒᆞ게된후에
그사ᄅᆞᆷ을ᄇᆞ리고아모도도아주고저ᄒᆞᄂᆞᆫ쟈ㅣ업ᄂᆞᆫ지라
그러므로그사ᄅᆞᆷ이거긔사ᄂᆞᆫᄒᆞᆫ사ᄅᆞᆷ의게가셔품을ᄑᆞ라
일ᄒᆞᆯ시그쥬인이그사ᄅᆞᆷ을제밧헤보내여도야지를먹이
라ᄒᆞ니그사ᄅᆞᆷ이미우ᄇᆡ곱ᄒᆞ매도야지먹ᄂᆞᆫ거시라도먹
구십은대로먹으면됴캣스듸그쥬인이주지아니ᄒᆞᄂᆞᆫ지
라여러날고싱ᄒᆞᆫ후에혼자말로ᄀᆞᆯᄋᆞᄃᆡ나ᄂᆞᆫ여긔셔쥬려
죽게되엿스나우리아바지집에ᄂᆞᆫ여러품군들이잇서셔
먹을음식이넉넉ᄒᆞᆫ때먹구십은대로먹고ᄯᅩᄂᆞᆷᄂᆞᆫ거시잇
스리다나ㅣ가우리집으로가셔아바지의게말ᄒᆞ되나ㅣ
가하ᄂᆞ님을거역ᄒᆞ고아바지의게악ᄒᆞᆫ일을ᄒᆞ엿스매아
바지아ᄃᆞᆯ이되지못ᄒᆞ겟ᄉᆞ오니품군과ᄀᆞᆺ치녁이쇼셔ᄒᆞ
겟다ᄒᆞ고그싀골을ᄯᅥ나셔제아비집에도라올시집을향
ᄒᆞ여멀이올ᄯᆡ그아비가ᄌᆞ긔아ᄃᆞᆯ이오ᄂᆞᆫ거슬보고갓가
이오기를기ᄃᆞ리지아니ᄒᆞ고죽시ᄃᆞ름질ᄒᆞ야나와마죰
시ᄑᆞᆯ을아ᄃᆞᆯ의목에언고입을맛초거ᄂᆞᆯ그아ᄃᆞᆯ이ᄀᆞᆯᄋᆞᄃᆡ
아바지여나ㅣ가죄를짓ᄉᆞ매하ᄂᆞ님을거역ᄒᆞ고아바지
의게악ᄒᆞᆫ게ᄒᆞ엿스니나ㅣ가아바지아ᄃᆞᆯ이되지못ᄒᆞ겟
슴ᄂᆞ이다ᄒᆞ거ᄂᆞᆯ그아비가미우깃거ᄒᆞ야아ᄃᆞᆯ이다시말
을못ᄒᆞ게ᄒᆞ고하인을불너새옷슬가져다가닙히고손에

가락지를씌우고발에신을신게ᄒᆞ고그아비ᄀᆞᆯᄋᆞᄃᆡ슐진용아지를잡아잔ᄎᆡᄒᆞ여즐거ᄒᆞ쟈나를ᄯᅥ나갓던아ᄃᆞᆯ이다시왓스니일헛던ᄌᆞ식을ᄎᆞ젓다ᄒᆞ고잔ᄎᆡ자리에안자즐거ᄒᆞ더니그큰아ᄃᆞᆯ이밧헤일을ᄒᆞ러갓다가을ᄯᅢ가되매집갓가이오다가풍류와가무ᄒᆞᄂᆞᆫ소리를듯고하인을불너뭇ᄃᆡ이엇진일이뇨하인이ᄃᆡ답ᄒᆞᄃᆡ네동ᄉᆡᆼ이왓스매녀의아바지가ᄌᆞ긔의아ᄃᆞᆯ이평안히도라옴을깃거ᄒᆞ야슐진용아지를잡아잔ᄎᆡᄒᆞᆫ다ᄒᆞ거ᄂᆞᆯ그큰아ᄃᆞᆯ이셩내여집에드러오지아니려ᄒᆞᄂᆞᆫ지라그아비가나가셔드러오기를권ᄒᆞ니그큰아ᄃᆞᆯ이ᄃᆡ답ᄒᆞᄃᆡ나ㅣ가여러ᄒᆡ를아바지닐ᄋᆞ시ᄂᆞᆫᄃᆡ로ᄒᆞ고말ᄉᆞᆷ을거역ᄒᆞ지아니ᄒᆞ엿스ᄃᆡ나와내친구를위ᄒᆞ야잔ᄎᆡ를아니ᄒᆞ더니돈을허비ᄒᆞ고악ᄒᆞᆫ일ᄒᆞ던동ᄉᆡᆼ이도라오매즉시슐진용아지를잡엇ᄂᆞ잇가ᄒᆞ거ᄂᆞᆯ그아비ᄃᆡ답ᄒᆞᄃᆡ내아ᄃᆞᆯ아나ㅣ가너를ᄒᆞᆼ샹ᄉᆞ랑ᄒᆞ고ᄯᅩ내게잇ᄂᆞᆫ거슨다네것ᄀᆞᆺᄒᆞ거니와네동ᄉᆡᆼ은우리를ᄯᅥ나갓다가다시도라왓스니일헛다가지금다시ᄎᆞ젓스니우리맛당히즐겁고깃부니라ᄒᆞ더라이비유에그아비ᄂᆞᆫ하ᄂᆞ님ᄭᅴ비홈이오아비를ᄯᅥ나갓던아ᄃᆞᆯ은악ᄒᆞᆫ사ᄅᆞᆷ의게비홈이라예수가이비유로악ᄒᆞᆫ사ᄅᆞᆷ에게젼도ᄒᆞ심으로예수를칙망ᄒᆞ던션비와바리새사ᄅᆞᆷ을ᄀᆞᄅᆞ치신거시니하ᄂᆞ님이그사ᄅᆞᆷ들을지금ᄭᆞ지ᄉᆞ랑ᄒᆞ시매만일뎌희들이죄를ᄇᆞ리고하ᄂᆞ님을ᄉᆞ랑ᄒᆞ고슌죵ᄒᆞ면하ᄂᆞ님이쟝ᄎᆞᆺ당신아ᄃᆞᆯ들을다시삼고져ᄒᆞ시ᄂᆞ니라예수가두사ᄅᆞᆷ들을ᄯᅩᄒᆞᆫ비유로말ᄉᆞᆷᄒᆞ시ᄃᆡᄒᆞᆫ사ᄅᆞᆷ은부쟈

요고흔의복을닙고됴흔음식을날마다먹고또라사로라
ᄒᆞᄂᆞᆫ사ᄅᆞᆷ은가난ᄒᆞ야비러먹고온몸에부스럼이잇스매
그친구들이그사ᄅᆞᆷ을ᄃᆞ려다가부쟈의집문밧게누이여
부쟈의밥상에셔ᄯᅥ러지ᄂᆞᆫ음식을먹게ᄒᆞ니거리에잇ᄂᆞᆫ
개들도그사ᄅᆞᆷ을불샹히녁여그부스럼을할더라 그후에
그비러먹ᄂᆞᆫ사ᄅᆞᆷ이죽으매텬ᄉᆞ들이그사ᄅᆞᆷ을텬당으로
ᄃᆞ려가니그사ᄅᆞᆷ이텬당에셔ᄂᆞᆫ가난치아니ᄒᆞ매부쟈집
상에놈ᄂᆞᆫ음식을기ᄃᆞ리지아니ᄒᆞ고텬당에임의올나온
착ᄒᆞᆫ사ᄅᆞᆷ들과ᄀᆞᆺ치잔치를먹으니놉고착ᄒᆞᆫ아브라함다
음자리에안저셔아브라함의가슴을의지ᄒᆞ더라 그후에
부쟈가ᄯᅩᄒᆞᆫ죽어장ᄉᆞ지내엿스매그령혼이악ᄒᆞᆫ사ᄅᆞᆷ들
가ᄂᆞᆫ곳으로가셔죄로인ᄒᆞ야형벌밧을ᄯᅢ에쳐다보다

뎨십륙쟝

가라사로가아브라함의가슴을의지ᄒᆞ야잇슴을보고크
게말ᄒᆞ되아브라함아바지여나를불샹히녁이샤라사로
를보내여손가락에물을적시여내혀에ᄒᆞᆫ방울만ᄯᅥ러트
려나ㅣ가불에ᄐᆞᄂᆞᆫ거슬셔늘ᄒᆞ게ᄒᆞ여주쇼셔아브라함
이ᄃᆡ답ᄒᆞ되너ᄂᆞᆫᄉᆡᆼ젼에됴흔거시잇섯스ᄃᆡ라사로ᄂᆞᆫ고
ᄉᆡᆼᄒᆞ엿스니지금위로밧고즐겨ᄒᆞ려니와너ᄂᆞᆫ고ᄉᆡᆼ밧으
려라그ᄲᅮᆫ아니라우리와너와두ᄉᆞ이에아모도건너갈수
업ᄂᆞᆫ넓고깁흔곳이잇스니우리게셔네게로가려ᄒᆞᄂᆞᆫ사
ᄅᆞᆷ이가지못ᄒᆞ고네게셔우리게로오려ᄒᆞᄂᆞᆫ사ᄅᆞᆷ이오지
못ᄒᆞᄂᆞ니라부쟈사ᄅᆞᆷ이말ᄒᆞ되라사로가내게올수업스
면내아버지집에다ᄉᆞᆺ형뎨잇스니라사로를거긔보내여
뎌희들의죄를회ᄀᆡᄒᆞ고하ᄂᆞ님을슌종ᄒᆞ여야죽은후에

이무셔온곳스로오지아니리라닐너주시기를비ᄂᆞ니다아브라함이ᄃᆡ답ᄒᆞᄃᆡ녜형뎨들이셩경이잇스니보고회ᄀᆡᄒᆞ기를비홀거시니라부쟈ㅣᄃᆡ답ᄒᆞᄃᆡ아브라함아버지여엇던사ᄅᆞᆷ이죽엇다가니러나가셔닐으면더희들이뎡녕회ᄀᆡᄒᆞ리다아브라함이ᄃᆡ답ᄒᆞᄃᆡ녜형뎨들이셩경에하ᄂᆞ님이닐으신거슬좃지아니ᄒᆞᆯ진대비록엇던사ᄅᆞᆷ이죽엇다가니러나가셔말ᄒᆞ여도더희들이하ᄂᆞ님을슌죵ᄒᆞ고죄를회ᄀᆡᄒᆞ지아니리라ᄒᆞ더라이비유에우리가착ᄒᆞᆫ사ᄅᆞᆷ들이죽은후에복을밧고악ᄒᆞᆫ사ᄅᆞᆷ들은죄ᄯᆡ문에형벌밧을거슬아ᄂᆞ니우리가가난ᄒᆞ고병이잇슬지라도하ᄂᆞ님을슌죵ᄒᆞ야우리아바지가되게ᄒᆞᄂᆞᆫ거시이셰샹에셔뎨일부쟈되고하ᄂᆞ님아ᄃᆞᆯ되지안ᄂᆞᆫ것보다ᄆᆡ우

나흠을알이로다

뎨십칠쟝 예수가ᄯᅩ다른사ᄅᆞᆷ들보다제가나흔줄로아ᄂᆞᆫ사ᄅᆞᆷ들의게ᄒᆞᆫ비유를말슴ᄒᆞ시ᄃᆡ두사ᄅᆞᆷ이셩뎐에가긔도ᄒᆞᆯ시ᄒᆞ나흔바리새사ᄅᆞᆷ이오ᄯᅩᄒᆞ나흔셰밧ᄂᆞᆫ사ᄅᆞᆷ이라바리새사ᄅᆞᆷ은다른사ᄅᆞᆷ들보고드ᄅᆞᆯ곳슬ᄎᆞ저가셔긔도ᄒᆞᆯ시말ᄒᆞ야골으ᄃᆡ쥬여나ㅣ가다른사ᄅᆞᆷ과ᄯᅩᄒᆞᆫ져긔셧ᄂᆞᆫ셰밧ᄂᆞᆫ사ᄅᆞᆷ과ᄀᆞᆺ치악ᄒᆞ지아니홈으로감사ᄒᆞ오며나ㅣ가ᄒᆞᆼ샹긔도ᄒᆞ고ᄒᆞᆫ칠일에두번식금식ᄒᆞ고ᄯᅩ나ㅣ가셩뎐에잇ᄂᆞᆫ졔ᄉᆞ쟝의게모든물건을열에ᄒᆞ나ᄒᆞᆯ덜어주엇ᄂᆞ이다이거시바리새사ᄅᆞᆷ긔도ᄒᆞᆯ새이말을크게소리ᄒᆞ야다른사ᄅᆞᆷ으로듯게ᄒᆞ니대개다른사ᄅᆞᆷ으로ᄒᆞ여곰저ㅣ가올홈ᄂᆞᆯ알게ᄒᆞ고저홈이러라셰밧ᄂᆞᆫ사ᄅᆞᆷ은

긔도ᄒᆞᆯ새사ᄅᆞᆷ이듯게ᄒᆞ고저아니ᄒᆞ고다만하ᄂᆞ님만듯게ᄒᆞ고저ᄒᆞ야홀로ᄒᆞᆫ곳에가셔머리를숙이고저ㅣ가모든악ᄒᆞᆫ일ᄒᆞ엿슴을뉘웃침으로하ᄂᆞ님ᄭᅴ말ᄒᆞᄃᆡ나ㅣ가죄인인줄을ᄭᆡᄃᆞ랏스니하ᄂᆞ님ᄭᅴ셔나를용셔ᄒᆞ쇼셔ᄒᆞ더라예수가이비유를듯ᄂᆞᆫ사ᄅᆞᆷ의게말ᄉᆞᆷᄒᆞ시ᄃᆡ하ᄂᆞ님이바리새사ᄅᆞᆷ보다셰밧ᄂᆞᆫ사ᄅᆞᆷ을더깃거ᄒᆞ시ᄂᆞᆫ거슨바리새사ᄅᆞᆷ은교만ᄒᆞ야제몸만ᄉᆡᆼ각ᄒᆞ고셰밧ᄂᆞᆫ사ᄅᆞᆷ은제죄를회ᄀᆡᄒᆞ고ᄌᆞ복ᄒᆞ여용셔ᄒᆞ심을쳥ᄒᆞᄂᆞᆫ연고ㅣ라ᄇᆡᆨ셩들이어린ᄋᆞᄒᆡ들을예수ᄭᅴᄃᆞ리고와셔예수가손을머리에언고위ᄒᆞ야빌어셔복밧게ᄒᆞ심을원ᄒᆞ거늘ᄉᆞ도들이ᄉᆡᆼ각ᄒᆞᄃᆡ예수ᄭᅴ고로올가ᄒᆞᆷ으로ᄋᆞᄒᆡᄃᆞ리고온ᄇᆡᆨ셩들을칙망ᄒᆞ야보내고저ᄒᆞᄂᆞᆫ지라예수가이로인ᄒᆞ야ᄉᆞ도들을깃거아니ᄒᆞ샤닐너ᄀᆞᆯᄋᆞ샤ᄃᆡ어린ᄋᆞᄒᆡ와ᄀᆞᆺ치겸손ᄒᆞ고ᄉᆞ랑ᄒᆞᄂᆞᆫᄇᆡᆨ셩이라야텬국에드러가ᄂᆞ니그런고로ᄋᆞᄒᆡ들을내게오게ᄒᆞ고금ᄒᆞ지마라ᄒᆞ시고그ᄋᆞᄒᆡ들을ᄑᆞᆯ에안으시고손을언ᄌᆞ샤복을빌으시니이로ᄡᅥ우리가예수가ᄋᆞᄒᆡ들ᄉᆞ랑ᄒᆞ심을알고ᄯᅩ그ᄋᆞᄒᆡ들도예수를ᄉᆞ랑ᄒᆞ야말ᄉᆞᆷ을좃ᄎᆞ면예수ᄭᅴ뎨ᄌᆞㅣ될수잇ᄂᆞ니라예수가열두ᄉᆞ도들과ᄀᆞᆺ치예루살넴에가샤ᄉᆞ도들을죵용ᄒᆞᆫ곳에ᄃᆞ리고가샤당신이거긔와셔쟝ᄎᆞᆺ엇지되실일을닐너ᄀᆞᆯᄋᆞ샤ᄃᆡ예루살넴ᄇᆡᆨ셩들이장ᄎᆞᆺ나를욕ᄒᆞ고치고죽밧고그후에나를십ᄌᆞ가에못박으리라ᄒᆞ시더라십ᄌᆞ가라ᄒᆞᆫ거슨두큰나무로열십ᄌᆞ형샹을문ᄃᆞᆫ거시니그나라에셔형벌ᄒᆞ야죽일사ᄅᆞᆷ을십ᄌᆞ가에큰못스로손과발에

박ᄂᆞᆫ법이라못박어셔죽도록거러두ᄂᆞᆫ거시니예수말ᄉᆞᆷ이당신의게장ᄎᆞᆺ그러케되리라ᄒᆞ심이라우리가젼에본바우리죄셕문에형벌에셔구속ᄒᆞ시려고예수가이셰샹에ᄂᆞ려오시니라우리를구속ᄒᆞ시ᄂᆞᆫ거시ᄒᆞᆫ모양ᄲᅮᆫ이니우리를ᄃᆡ신ᄒᆞ여형벌밧으시ᄂᆞᆫ거시니라그셰에예수가십ᄌᆞ가에못박히심으로우리ᄃᆡ신에장ᄎᆞᆺ형벌밧으실지라당신이예루살넴에가신후에그러케될줄을아셧것마ᄂᆞᆫ우리를ᄉᆞ랑ᄒᆞ샤우리ᄃᆡ신에죽기를ᄃᆞᆯ게녁이시ᄂᆞᆫ고로도라오지아니ᄒᆞ시고더가시니라예수가예루살넴길로예리코라ᄒᆞᄂᆞᆫ셩에지나실ᄉᆡᄇᆡ셩들이예수를ᄯᆞ로더니바듸마요라ᄒᆞᄂᆞᆫ쇼경이길ᄀᆞ에안자구걸ᄒᆞ다가ᄇᆡ셩의소ᄅᆡ를듯고이엇진일이뇨뭇거ᄂᆞᆯᄇᆡ셩들이닐ᄋᆞᄃᆡ예수가지나가신다ᄒᆞ니바듸마요가예수가쇼경을능히보게ᄒᆞ신다ᄒᆞᆷ을드럿ᄂᆞᆫ지라예수가거긔오심을드른후에즉시크게소ᄅᆡᄒᆞ야말ᄒᆞᄃᆡ예수여나를불샹이녁이쇼셔ᄒᆞ거ᄂᆞᆯᄇᆡ셩들이그소ᄅᆡ를듯고굿치라닐ᄋᆞᄃᆡ그쇼경이더옥크게소ᄅᆡᄒᆞ여ᄀᆞᆯᄋᆞᄃᆡ예수여나를불샹히녁이쇼셔ᄒᆞᄂᆞᆫ지라예수가서셔말ᄉᆞᆷᄒᆞ시ᄃᆡᄂᆡ게로올지어다ᄒᆞ시니쇼경이그말ᄉᆞᆷ을듯고예수ᄭᅴ급히오려고것옷슬벗고ᄃᆞ름질ᄒᆞ거ᄂᆞᆯ예수가무ᄅᆞ시ᄃᆡ네쇼원이무엇시뇨쇼경이ᄃᆡ답ᄒᆞᄃᆡ쥬여나를보게ᄒᆞ야주쇼셔ᄒᆞ거ᄂᆞᆯ예수가바듸마요의게말ᄉᆞᆷᄒᆞ시ᄃᆡ네ㅣ가나ㅣ능히너를낫게ᄒᆞᆯ줄을밋ᄂᆞᆫ고로낫게되리라ᄒᆞ시니즉시쇼경이능히보ᄂᆞᆫ지라예수를ᄯᆞ르오며크게소ᄅᆡᄒᆞ야하 ᄂᆞ님이졔게ᄒᆞ신일을

감샤ᄒᆞ더라예리코라ᄒᆞᄂᆞᆫ셩에삭키요라ᄒᆞᄂᆞᆫ사ᄅᆞᆷ이잇
스니셰밧ᄂᆞᆫ사ᄅᆞᆷ즁에괴수요ᄯᅩ부쟈러라예수가그셩에
지나실새삭키요가누가지나ᄂᆞᆫ가보고져ᄒᆞ나사ᄅᆞᆷ들이
만코ᄯᅩ다른사ᄅᆞᆷ보다키가젹으매보지못ᄒᆞᆷ으로압흐로
ᄃᆞ름질ᄒᆞ야ᄲᅩᆼ나무에올나가니예수가그길로지나시ᄂᆞᆫ
연고ㅣ러라예수가거긔니ᄅᆞ샤쳐다보시다가삭키요를
보시고ᄀᆞᆯᄋᆞ샤ᄃᆡ삭키요야나ㅣ가오ᄂᆞᆯ네집에가셔쉬겟
스니ᄲᆞᆯ니ᄂᆞ려오라ᄒᆞ시거ᄂᆞᆯ삭키요가급히ᄂᆞ려와셔예
수를깃거히마져집으로드려오니라그ᄯᅢ로마님금을위
ᄒᆞ야빅셩의게돈밧ᄂᆞᆫ사ᄅᆞᆷ들이흔이공변되지아니ᄒᆞ고
사오나온사ᄅᆞᆷ들이라가난ᄒᆞᆫ빅셩의게맛당히밧을것외
에더츄ᄒᆞᄂᆞ니삭키요도예수가제집에오시기젼에ᄂᆞᆫ그러

케ᄒᆞ엿슬뜻ᄒᆞ더니예수를본후에하ᄂᆞ님이예수를보내
심을밋고예수말ᄉᆞᆷ대로좃더니삭키요가여러빅셩압헤
셔셔예수ᄭᅴ말ᄉᆞᆷᄒᆞᄃᆡ나ㅣ가다시공변되지아닌일을아
니ᄒᆞ고ᄯᅩ내게잇ᄂᆞᆫ돈반을ᄂᆞᆫ호와가난ᄒᆞᆫ빅셩을주고ᄯᅩ
내게당치아닌것가저온거시잇스면그사ᄅᆞᆷ의게ᄉᆞ갑절
을보내리라ᄒᆞᆫ거ᄂᆞᆯ예수가삭키요가제죄를회ᄀᆡᄒᆞ고당
신말ᄉᆞᆷ을슌죵ᄒᆞᆷ을보실새삭키요ᄃᆞ려닐ᄋᆞ시ᄃᆡ네모든
죄가다용셔되엿다ᄒᆞ시더라우리가용서밧기를원ᄒᆞᆯ진
대맛당히삭키요와ᄀᆞᆺ치우리죄를회ᄀᆡᄒᆞ고예수를밋어
슌죵ᄒᆞᆯ거시오우리도맛당히우리보다더가난ᄒᆞᆫ사ᄅᆞᆷ의
계착ᄒᆞᆫ게ᄒᆞᆯ거시오우리가만일가난ᄒᆞᆫ사ᄅᆞᆷ의게줄돈이
업거던아모려케라도ᄒᆞᆯ수잇ᄂᆞᆫ대로도아줄거시니라ᄯᅩ

우리가만일우리게당치아닌거슬취ᄒᆞᆷ이잇스면비록그
사ᄅᆞᆷ이업ᄂᆞᆫ거슬아지못ᄒᆞᆯ지라도우리가맛당히ᄃᆞ려보
내던지갑던지ᄒᆞᆯ거시니라ᄒᆞᄂᆞ님은이거슬다알으시고
ᄯᅩ우리게당치아닌거슬취ᄒᆞ고도로주지아님으로ᄒᆞᄂᆞ
님을거역ᄒᆞ면용서밧기를ᄇᆞ라지못ᄒᆞ리라이ᄯᅢ유월절
이거의되ᄆᆡ우리아ᄂᆞᆫ바ᄒᆞᄂᆞ님이유대사ᄅᆞᆷ으로히마다
이절긔를직히라ᄒᆞᄂᆞᆫ거시오ᄯᅩ다른셩에셔ᄂᆞᆫ이절긔를
직히지못ᄒᆞ고다만예루살넴에와셔직희라ᄒᆞ신지라여
러유대사ᄅᆞᆷ들이그ᄯᅢ왓더니예수와뎨ᄌᆞ들이ᄯᅩᄒᆞᆫ거긔
왓스ᄆᆡ유대사ᄅᆞᆷ들이알지못ᄒᆞ고저희들이서로예수를
말ᄉᆞᆷᄒᆞ며ᄀᆞᆯᄋᆞᄃᆡ예수가이절긔직희ᄂᆞᆫᄃᆡ오겟ᄂᆞ냐ᄒᆞ니
때개바리새오사ᄅᆞᆷ들이그젼에ᄇᆡᆨ셩의게닐ᄋᆞᄃᆡ아모라

복음요ᄉᆞ 뎨십칠쟝

도예수를보거던우리게닐ᄋᆞ라ᄒᆞ엿스니예수ᄅᆞᆯᄎᆞ저죽
이교저ᄒᆞᆷ이러라예수와뎨ᄌᆞ들이예루살넴으로오다가
베다니라ᄒᆞᄂᆞᆫ동ᄂᆡ에셔쉬실시베다니ᄂᆞᆫ마ᄅᆞ다와마리아
와예수가살니신라사로사ᄂᆞᆫ곳시라유대사ᄅᆞᆷ들이라사
로가거긔잇슴을알고ᄯᅩ그젼에죽엇다가이러남을드른
고로유대사ᄅᆞᆷ들이예수ᄲᅮᆫ아니라라사로를보고저ᄒᆞ야
베다니에왓스니유대사ᄅᆞᆷ즁에괴수와관쟝들이라사로
ᄅᆞᆯ죽이고저ᄒᆞᆷ은여러유대사ᄅᆞᆷ들이라사로를보면예수
가ᄒᆞᄂᆞ님아ᄃᆞᆯ인줄을밋을ᄭᅡᄒᆞᆷ이러라예수가머지아니
ᄒᆞᆫ예루살넴으로가시려고베다니를ᄯᅥ나셔엘나온산에
오시다가갓가온동ᄂᆡ로두뎨ᄌᆞ들을보내시며닐너ᄀᆞᆯᄋᆞ
ᄉᆞᄃᆡ그동ᄂᆡ에드러가면붓드러ᄆᆡᆫ나귀가나귀ᄉᆡᆨ기와ᄀᆞᆺ

치잇슴을맛나리니그거슬풀어가저오라만일엇던사ᄅᆞᆷ
이연고ᄅᆞᆯ뭇거던우리쥬가나귀를구ᄒᆞ신다ᄒᆞ라뎨ᄌᆞ들
이예수말ᄉᆞᆷ대로나귀와나귀ᄉᆞᆺ기를맛나풀ᄯᅢ나귀님쟈
가뭇ᄃᆡ엇지ᄒᆞᆫ연ㅣ고뇨ᄒᆞ거ᄂᆞᆯ뎨ᄌᆞ들이예수닐으신대
로ᄃᆡ답ᄒᆞᆫᄃᆡ그님쟈가뎨ᄌᆞ들노ᄒᆞ여곰그나귀를가저가
게ᄒᆞᄂᆞᆫ지라뎨ᄌᆞ들이나귀를예수ᄭᅴ가지고와셔것옷슬
버서어린나귀등에언고예수가나귀를ᄐᆞ시고예루살넴
에가실ᄉᆡ여러빅셩들이ᄯᆞ르며저희들의것옷슬버서ᄭᅡ
우헤ᄭᆞᆯ고예수가ᄐᆞ고지나가시게ᄒᆞ고ᄯᅩ다른빅셩들은
나무가지를베혀예수압헤펴더라그빅셩들이저희님금
이거리로지나가면이러케ᄒᆞᄂᆞᆫ법이러니예수를공경ᄒᆞᆷ
으로이러케ᄒᆞ더라ᄯᅩ압헤가고뒤에가ᄂᆞᆫ빅셩들이크게
소리ᄒᆞ야ᄀᆞᆯᄋᆞᄃᆡ쥬에일홈을밧드러온쟈를맛당히찬숑
ᄒᆞ리라ᄒᆞ더라유대사ᄅᆞᆷ들이예수를이러케공경ᄒᆞ고제
셩에오십을깃거ᄒᆞᄂᆞᆫ모양이잇스ᄃᆡᄆᆞ음에ᄂᆞᆫ예수를ᄉᆞ
랑ᄒᆞ지아니ᄒᆞᆷ으로몃날아니되야그빅셩들이크게말ᄒᆞ
ᄃᆡ예수가맛당히십ᄌᆞ가에못박히리라ᄒᆞᆯ줄을예수가미
리알으시니라

뎨십팔쟝 예수가예루살넴에니르샤셩뎐에올나가시니
빅셩들이다리절고눈먼사ᄅᆞᆷ들을ᄃᆞ리고예수ᄭᅴ왓거ᄂᆞᆯ
예수가그사ᄅᆞᆷ들을다낫게ᄒᆞ시고그날밤에예수가그젼
날밤에계시던베다니에가셔쥬무시고잇흔날아ᄎᆞᆷ에예
루살넴으로오실시예수가시쟝ᄒᆞ시더니무화파나무가
길ᄀᆞ헤잇슴을보시고무화파를잡스시고저ᄒᆞ샤나무밋

혜가시니그나무에무화과는업고다만닙ᄉᆞ귀만이여늘예수
가무화과업슴을보시고나무의게말솜ᄒᆞ시되너ㅣ가다
시실과가업스리라ᄒᆞ시니긋치가던데ᄌᆞ들이예수가이
말솜ᄒᆞ심을드럿더니다음날에데ᄌᆞ들이지나갈시그나
무가뿌리에셔브터ᄭᅳᆺᄭᆞ지ᄆᆞᆯ나죽엇슴을보고데ᄌᆞ들이
예수ᄒᆞ신말솜을싱각ᄒᆞ고ᄀᆞᆯᄋᆞ되이무화과나무가엇지
이긋치쉬이ᄆᆞᆯ나죽엇ᄂᆞ잇가ᄒᆞ더라이는예수가그나무
의게ᄆᆞᆯ나죽으라말솜ᄒᆞ심으로그나무가죽은거시니이
거시또ᄒᆞᆫ령적이러라○예수가포도동산심은사ᄅᆞᆷ으로
ᄒᆞᆫ비유ᄅᆞᆯ말솜ᄒᆞ시니포도동산이란거슨포도나무심으
ᄂᆞᆫ밧치라ᄒᆞᆫ사ᄅᆞᆷ이포도동산을심으고울타리ᄅᆞᆯ두루고
그안에술ᄆᆡᆫ드ᄂᆞᆫ틀을두엇스니술틀이란거슨포도가익

복음요ᄉᆞ 뎨십팔쟝 팔십일

으면거긔담어즙을내여술이되게ᄒᆞᄂᆞᆫ거시니그술은포
도즙으로ᄆᆡᆫ드ᄂᆞᆫ거시라그사ᄅᆞᆷ이울타리와틀을ᄆᆡᆫ들고
또ᄒᆞᆫ탑을지엇스니사ᄅᆞᆷ들이거긔셔며물어도적과들즘
승을직희다가위티ᄒᆞᆫ일이잇스면그탑에들러가고문을
닷아방비ᄒᆞᄂᆞᆫ거시라그포도동산임쟈가친히직희고저
아니ᄒᆞ여엇던롱부들의게맛기엿더니그롱부들이포도
동산에셔며물며직희니그포도가익으면그롱부들이ᄯᅡ
서임쟈의게도디ᄅᆞᆯ보내고그남어지포도는저희들이가
질거시라그롱부들노포도동산직이삼은후에그임쟈가
먼식골에갓더니포도익을ᄯᅢ도디밧으려고하인을보내
니그롱부들이언약대로도디ᄅᆞᆯ주지아니ᄒᆞ고그하인을
잡아ᄯᅡ리고아모것도주지아니ᄒᆞ고보내거ᄂᆞᆯ그쥬인이

다른하인을보내엿더니그롱부들이돌을던저그하인의머리를샹ᄒᆞ여욕을뵈고도로가게ᄒᆞ니그쥬인이하인을더만히보내엿더니그롱부들이혹ᄯᅡ리고혹죽인지라그쥬인이쟝ᄎᆞᆺ엇지ᄒᆞᆯ고ᄉᆡᆼ각ᄒᆞ더니ᄒᆞᆫᄉᆞ랑ᄒᆞᄂᆞᆫ아ᄃᆞᆯ이잇ᄂᆞᆫ지라ᄒᆞᆫ자ᄀᆞᆯᄋᆞᄃᆡ나의ᄉᆞ랑ᄒᆞᄂᆞᆫ아ᄃᆞᆯ을보내면뎌희들이해치못ᄒᆞ리라ᄒᆞ고ᄌᆞ긔아ᄃᆞᆯ을보내엿더니그롱부들이그사ᄅᆞᆷ의아ᄃᆞᆯ이오ᄂᆞᆫ거ᄉᆞᆯ보고서로말ᄒᆞᄃᆡ이사ᄅᆞᆷ이제아비죽은후에포도동산을ᄎᆞ지ᄒᆞᆯ사ᄅᆞᆷ이니우리가뎌사ᄅᆞᆷ을죽이고우리거ᄉᆞᆯ삼으리라ᄒᆞ고그사ᄅᆞᆷ을포도동산밧긔잡아내여죽이니라예수가듯ᄂᆞᆫᄇᆡᆨ셩들의게말ᄉᆞᆷᄒᆞ시ᄃᆡ그포도동산임쟈가먼싀골로부터도라와포도동산에가셔그악ᄒᆞᆫ롱부들의게쟝ᄎᆞᆺ엇지ᄒᆞ겟ᄂᆞ뇨ᄇᆡᆨ셩들

이ᄃᆡ답ᄒᆞᄃᆡ그임쟈가쟝ᄎᆞᆺ그악ᄒᆞᆫ롱부들을다죽이고포도도디ᄂᆞᆯ다른사ᄅᆞᆷ들을보내여동산에잇게ᄒᆞ리이다ᄒᆞ더라이비유에포도동산임쟈ᄂᆞᆫ하ᄂᆞ님ᄭᅴ비ᄒᆞᆷ이오악ᄒᆞᆫ롱부들은유대사ᄅᆞᆷ의게비유ᄒᆞᆷ이니하ᄂᆞ님이유대사ᄅᆞᆷ의게ᄆᆡ우착ᄒᆞ게ᄒᆞ셧ᄂᆞ니유대사ᄅᆞᆷ이이굽ᄯᅡ에셔죵노릇ᄒᆞ거ᄂᆞᆯ하ᄂᆞ님이이스라엘ᄯᅡᄒᆞ로ᄃᆞ려다가제ᄯᅡ를삼게ᄒᆞ셧것마ᄂᆞᆫ거긔온후에하ᄂᆞ님을슌죵ᄒᆞ지아니ᄒᆞ고하ᄂᆞ님이착ᄒᆞᆫ션지쟈를보내샤뎌희들의게죄를회개ᄒᆞ라고닐넛스ᄃᆡ듯지아니ᄒᆞ고도로혀션지쟈를악ᄒᆞ게ᄃᆡ졉ᄒᆞ야죽인지라지금하ᄂᆞ님이당신아ᄃᆞᆯ예수를보내셧거ᄂᆞᆯ유대사ᄅᆞᆷ들이죽이고져ᄒᆞ니악ᄒᆞᆫ롱부들과ᄀᆞᆺᄒᆞᆫ거시라바리새오사ᄅᆞᆷ들과유대사ᄅᆞᆷ즁에괴수들이이비유

를듯고악ᄒᆞᆫ롱부들로저희들게비유를알고깃거아니ᄒᆞ야예수를잡어형벌ᄒᆞ고저ᄒᆞ나여러빅셩들이하ᄂᆞ님이예수를보내심을밋ᄂᆞᆫ고로예수를잡어형벌ᄒᆞ면빅셩들이셩낼ᄭᅡ두려워ᄒᆞ더라예수가ᄯᅩ님금이아ᄃᆞᆯ를위ᄒᆞ야ᄒᆞᆫ인잔ᄎᆡᄒᆞᄂᆞᆫ거ᄉᆞ로ᄒᆞᆫ비유를말ᄉᆞᆷᄒᆞ시니우리가ᄉᆡᆼ각ᄒᆞ건ᄃᆡ아모사ᄅᆞᆷ이라도님금의잔ᄎᆡ에가기를즐기련마ᄂᆞᆫ그님금이모든물건을예비ᄒᆞ고하인을보내여사ᄅᆞᆷ들을쳥ᄒᆞᆫᄃᆡ그사ᄅᆞᆷ들이오지아니ᄒᆞ거ᄂᆞᆯ그님금이하인을다시보내여말ᄒᆞᄃᆡ내쇼와양을잡아잔ᄎᆡ를예비ᄒᆞ고기ᄃᆞ리니와셔잔ᄎᆡ를먹으라ᄒᆞ엿더니그사ᄅᆞᆷ들이하인에말ᄋᆞᆯ드른후에혹도라가며듯기를즐기지아니ᄒᆞ고ᄯᅩ엇던사ᄅᆞᆷ들은그하인을악ᄒᆞ게ᄃᆡ접ᄒᆞ야죽인지라그님금이이거ᄉᆞᆯ듯고그악ᄒᆞᆫ사ᄅᆞᆷ들을형벌ᄒᆞ려고군ᄉᆞ를보내여죽이고집들을불ᄉᆞᆯ오게ᄒᆞ고다른하인을불너닐ᄋᆞᄃᆡᄒᆞᆫ인잔ᄎᆡ가예비되엿스나몬져쳥ᄒᆞᆫ사ᄅᆞᆷ들은악ᄒᆞ야오지아니ᄒᆞ니너ㅣ거리에나가맛나ᄂᆞᆫ빅셩을다ᄃᆞ려오라ᄒᆞᆫᄃᆡ그하인이나가셔부쟈나가난ᄒᆞ나맛나ᄂᆞᆫ대로모도ᄃᆞ려온지라그ᄯᅢ거긔온빅셩의의복이님금의집에오기가됴치못ᄒᆞᆫ지라그러므로그님금이오ᄂᆞᆫ사ᄅᆞᆷ을위ᄒᆞ야됴ᄒᆞᆫ새의복을예비ᄒᆞ여모든사ᄅᆞᆷᄃᆞ려그집에ᄃᆞ려올ᄯᅢ그의복을닙게ᄒᆞ라닐넛더니그님금이잔ᄎᆡ비셜ᄒᆞᆫ방에올ᄯᅢ그즁에ᄒᆞᆫ사ᄅᆞᆷ이잔ᄎᆡ의복을닙지아니ᄒᆞ엿슴을보고님금이무ᄅᆞᄃᆡ벗아엇지잔ᄎᆡ의복을닙지아니ᄒᆞ고여긔왓ᄂᆞ냐대개그사ᄅᆞᆷ이그의복예비되엿슴을알엇것마

ᄂᆞᆫᄆᆞᄋᆞᆷ이교만ᄒᆞ야스ᄉᆞ로ᄉᆡᆼ각ᄒᆞᄃᆡ내의복이넉넉히됴타ᄒᆞ고잔치의복을닙지아니ᄒᆞ엿스매능히ᄃᆡ답ᄒᆞ지못ᄒᆞᄂᆞᆫ지라그님금이미우셩ᄂᆡ여ᄒᆞ인들의게분부ᄒᆞ야그사ᄅᆞᆷ을잡아손과발을결박ᄒᆞ야ᄃᆞ라나지못ᄒᆞ게ᄒᆞ야님금을거역ᄒᆞᄂᆞᆫ사ᄅᆞᆷ가도ᄂᆞᆫ옥에가도다ᄒᆞ니라이비유에간쳐ᄒᆞ던님금은하ᄂᆞ님ᄭᅴ비ᄒᆞᆷ이오님금의아ᄃᆞᆯ은예수ᄭᅴ비ᄒᆞᆷ이오본지쳥ᄒᆞ엿스ᄃᆡ오지아니ᄒᆞᆫ사ᄅᆞᆷ들은유대사ᄅᆞᆷ들의게몬져예수를밋으라ᄒᆞ엿스ᄃᆡ밋지아니ᄒᆞᆷ을비ᄒᆞᆷ이오거리에셔ᄃᆞ려온ᄇᆡᆨ셩들은그후에예수ᄅᆞᆯ밋고슌죵ᄒᆞᄂᆞᆫ사ᄅᆞᆷ들의게비ᄒᆞᆷ이오혼인의복을닙지아니ᄒᆞᆫ사ᄅᆞᆷ은예수뎨ᄌᆞ와ᄀᆞᆺ치ᄃᆞᆫ니며뎨ᄌᆞ되ᄂᆞᆫ톄ᄒᆞ나ᄆᆞᄋᆞᆷ은아니되ᄂᆞᆫ사ᄅᆞᆷ의게비ᄒᆞ심이니하ᄂᆞ님이우리ᄆᆞᄋᆞᆷ을보

시매보시ᄂᆞᆫ대로우리ᄅᆞᆯ샹주고혹벌주시ᄂᆞ니라ᄒᆞᆫ바리새사ᄅᆞᆷ이예수ᄭᅴ와셔무ᄅᆞᄃᆡ셩경에뎨일큰계명이무어시잇가계명이라ᄒᆞᄂᆞᆫ거ᄉᆞᆫ하ᄂᆞ님이우리게맛당히ᄒᆞᆯ일을닐ᄋᆞ신거시니우리ᄃᆞ려례ᄇᆡ일을직히라ᄒᆞ시고셔로착ᄒᆞ게ᄒᆞ라ᄒᆞ시고도적ᄒᆞ지마라ᄒᆞ시고거ᄌᆞᆺ말ᄒᆞ지마라ᄒᆞ셧스니이거시다계명이오ᄯᅩᄒᆞᄂᆞ님이셩경에여러가지계명을닐ᄋᆞ셧ᄂᆞᆫ매이바리새사ᄅᆞᆷ이모든계명중에무어시뎨일큼을알고저ᄒᆞᆷ이러라예수ㅣᄀᆞᆯᄋᆞ샤ᄃᆡ너ㅣ맛당히네셩품과네령혼과ᄆᆞᄋᆞᆷ을다ᄒᆞ야너희쥬하ᄂᆞ님을ᄉᆞ랑ᄒᆞ라ᄒᆞ시더라예수가이바리새사ᄅᆞᆷ의게만이거시뎨일큰계명이라닐ᄋᆞ신거시아니오우리ᄃᆞ려도좃츠라ᄒᆞ심이니우리가맛당히ᄉᆞ랑ᄒᆞᆯ수잇ᄂᆞᆫ대로하ᄂᆞ님을

뎨일ᄉᆞ랑ᄒᆞᆯ거시니라혹이무ᄅᆞᄃᆡ우리가하ᄂᆞ님을보지못ᄒᆞ거ᄂᆞᆯ엇지ᄉᆞ랑ᄒᆞ리오ᄃᆡ답ᄒᆞᄃᆡ하ᄂᆞ님을보지못ᄒᆞᆫ다ᄒᆞᆷ은올커니와ᄯᅢ가감샤ᄒᆞ고ᄉᆞ랑ᄒᆞᄂᆞᆫ사ᄅᆞᆷ을다맛당히보ᄂᆞ뇨가령녀ㅣ가ᄒᆞᆯ노집을ᄯᅥ나멀이갓다가도라올싀네의복이더럽고ᄯᅥ러지고신이다ᄒᆡ어지고ᄯᅩᄆᆡ우빈곤ᄒᆞᄃᆡ음식사먹을돈도업스매길ᄀᆞ그늘진곳에누어쉬고ᄯᅩ자다가ᄭᆡᆫ후에네겻헤새의복과새신과먹기됴ᄒᆞᆫ음식을누가두엇스면녀ㅣ가이거슬누가두엇ᄂᆞᆫ지아지못ᄒᆞᄃᆡ그사ᄅᆞᆷ을감샤ᄒᆞ리라ᄯᅩ가령녀ㅣ가어둡고비바람치ᄂᆞᆫ밤에길을일코깁ᄒᆞᆫ강에ᄲᅡ져물속에잠길ᄯᅢᄒᆞᆫ힘잇ᄂᆞᆫ사ᄅᆞᆷ이ᄯᅱ여드러와셔녀를붓잡어강변에건져노앗슬ᄯᅢᄆᆡ우어두어그사ᄅᆞᆷ을보지못ᄒᆞ고그사ᄅᆞᆷ이가셔뭇츰내보지못ᄒᆞ여도녀ㅣ가그사ᄅᆞᆷ이뎨목숨을구졔ᄒᆞ엿슴으로감샤ᄒᆞ리라하ᄂᆞ님이네의복과음식과모든됴ᄒᆞᆫ물건을주시고ᄯᅩ당신아ᄃᆞᆯ을보내샤녀를구쇽ᄒᆞ셧스니물에잠겨잠ᄭᆞᆫ고싱밧ᄂᆞᆫ거슬구ᄒᆞ심이아니다영원이형벌빗을거슬구쇽ᄒᆞ셧ᄂᆞᆫ지라녀ㅣ가비록하ᄂᆞ님을보지못ᄒᆞ나이것ᄯᅢ문에하ᄂᆞ님을맛당히ᄉᆞ랑ᄒᆞ지아니ᄒᆞ겟ᄂᆞ냐우리가이셰샹에잇ᄂᆞᆫᄯᅢᄂᆞᆫ하ᄂᆞ님을볼수업스ᄃᆡ하ᄂᆞ님을ᄉᆞ랑ᄒᆞᆯ거시니그러치아니ᄒᆞ면우리가하ᄂᆞ님아ᄃᆞᆯ이되지못ᄒᆞᄂᆞ니라예수가바리새사ᄅᆞᆷ의게뎨일큰계명은맛당히하ᄂᆞ님을ᄉᆞ랑ᄒᆞᆯ거시라닐ᄋᆞ시고ᄯᅩ그다음계명을말ᄉᆞᆷᄒᆞ시ᄃᆡ너ㅣ맛당히니웃사ᄅᆞᆷ을네몸과ᄀᆞᆺ치ᄉᆞ랑ᄒᆞ다ᄒᆞ시니이셰샹에우리가착ᄒᆞ게ᄒᆞᆯ반ᄃᆞ뷔셩이다

너웃시니하ᄂᆞ님말ᄉᆞᆷ이너웃사ᄅᆞᆷ을우리몸과ᄀᆞᆺ치ᄉᆞ랑ᄒᆞ라ᄒᆞ셧ᄂᆞ니이말ᄉᆞᆷ은우리가착ᄒᆞ고올흔일ᄒᆞ기를내몸에ᄒᆞᄂᆞᆫ것ᄀᆞᆺ치ᄒᆞ라ᄒᆞ신뜻시라

뎨십구장 예수가션ᄇᆡ와바리새사ᄅᆞᆷᄃᆞ려말ᄉᆞᆷᄒᆞ시ᄃᆡ너회ᄂᆞᆫ거ᄌᆞᆺ착ᄒᆞ다ᄒᆞ시니션ᄇᆡ와바리새사ᄅᆞᆷ들이례ᄇᆡ일에ᄒᆡᆼ상회당에가셔여러사ᄅᆞᆷ보다놉흔자리에안고모든사ᄅᆞᆷ이듯게ᄒᆞ려고거리에나가긔도ᄒᆞ고다른날은악ᄒᆞᆫ고의리가업서제게당치아니ᄒᆞᆫ물건을취ᄒᆞ니이런고로예수가거ᄌᆞᆺ착ᄒᆞᆫ사ᄅᆞᆷ이라부ᄅᆞ시니라우리가례ᄇᆡ당에나와악ᄒᆞᆫ일을ᄒᆡᆼᄒᆞᆯ진대례ᄇᆡ당에가셔비ᄂᆞᆫ거시됴ᄒᆞᆯ거시업ᄂᆞ니하ᄂᆞ님이례ᄇᆡ당에서만우리를보시ᄂᆞᆫ거시아니오ᄒᆡᆼ상보시ᄂᆞ니라예수가션ᄇᆡ와바리새사ᄅᆞᆷ들ᄃᆞ려

닐너ᄀᆞᆯᄋᆞ샤ᄃᆡ너희ᄃᆞᆯ이ᄆᆞᄋᆞᆷ에ᄂᆞᆫ하ᄂᆞ님을슌종치아니ᄒᆞ고거ᄌᆞᆺ슌종ᄒᆞᄂᆞᆫ톄ᄒᆞᄂᆞᆫ고로심판ᄒᆞᄂᆞᆫ날에너희들의게하ᄂᆞ님이형벌를더ᄒᆞ시리라ᄒᆞ시더라예루살넴에잇ᄂᆞᆫ셩뎐뜰에궤들이잇스니그궤ᄂᆞᆫ뚝경에구멍이잇ᄂᆞᆫ지라ᄇᆡᆨ셩들이돈을가저다가넛ᄂᆞᆫ궤라그돈을제ᄉᆞ쟝이모화셔셩뎐에쓰ᄂᆞᆫ물건사ᄂᆞᆫ거시니그물건이하ᄂᆞ님씌례ᄇᆡᄒᆞᆯ때쓰ᄂᆞᆫ거신고로그돈을하ᄂᆞ님씌드리ᄂᆞᆫ것과ᄀᆞᆺᄒᆞᆫ니라ᄒᆞᆫ날에예수가궤잇ᄂᆞᆫ곳에갓가이안ᄌᆞ샤ᄇᆡᆨ셩들이돈넛ᄂᆞᆫ거슬보시니각각사ᄅᆞᆷ이제ᄆᆞᄋᆞᆷ대로너흘ᄉᆡ부쟈사ᄅᆞᆷ들은만히넛터니ᄒᆞᆫ가난ᄒᆞᆫ과부가와셔ᄆᆡ우젹은돈을넛커ᄂᆞᆯ예수가뎨ᄌᆞ들을불너닐ᄋᆞ시ᄃᆡ과부의젹은돈을부쟈의만흔돈넛ᄂᆞᆫ것보다하ᄂᆞ님이더깃버ᄒᆞ시ᄂᆞ니

라부쟈는돈을만히너ᄒᆞᆫ후에도돈이만히남엇거니와이
과부는제게잇는거ᄉᆞᆯ다너헛스니음식살돈도업는이다
ᄒᆞ시더라이러ᄒᆞᆷ으로우리가적은거시라도주기어려온
거ᄉᆞᆯ주면님는거시넉넉ᄒᆞ여만히주는것보다하ᄂᆞ님이
더깃버ᄒᆞ시ᄂᆞ니하ᄂᆞ님을위ᄒᆞ여무어ᄉᆞᆯ주던지무어ᄉᆞᆯ
ᄒᆞ던지어려온거ᄉᆞᆯᄒᆞᆯᄉᆞ록하ᄂᆞ님을더욱ᄉᆞ랑ᄒᆞᆷ을뵈이
는거시오ᄯᅩᄒᆞᆫ하ᄂᆞ님이우리로ᄒᆞ여곰대일ᄒᆞ고저ᄒᆞ시
는거ᄉᆞᆫ우리가당신을ᄉᆞ랑ᄒᆞ는거시라예수가유대사ᄅᆞᆷ
을여러번ᄀᆞᄅᆞ치시고여러가지령적을뵈이신거ᄉᆞᆫ더회
들로ᄒᆞ여곰예수가하ᄂᆞ님아ᄃᆞᆯ이심을밋게ᄒᆞ고저ᄒᆞ심
이연마는유대사ᄅᆞᆷ들이ᄆᆞ음이악ᄒᆞᆫ고로예수를밋지아
니ᄒᆞ니라우리본바우리로ᄒᆞ여곰그ᄅᆞᆫ일을ᄒᆞ게ᄒᆞ고올
흔일을ᄒᆞ게ᄒᆞ는것과사ᄅᆞᆷ을ᄉᆞ랑ᄒᆞ고뮈워ᄒᆞ는거시젼
혀ᄆᆞ음이라우리가새롭고착ᄒᆞᆫᄆᆞ음이잇스면예수를우
리구세쥬로ᄉᆞ랑ᄒᆞ고슌죵ᄒᆞᆯ거시여ᄂᆞᆯ유대사ᄅᆞᆷ들은악
ᄒᆞᆫᄆᆞ음이잇스때예수가더희들의죄를말ᄉᆞᆷᄒᆞ신고로그
사ᄅᆞᆷ들이예수를뮈워ᄒᆞ고구세쥬됨을밋지아니ᄒᆞ더라
예수ㅣ이세샹에다시ᄂᆞ려오심을말ᄉᆞᆷᄒᆞ신지라그뎨ᄌᆞ
들이어ᄂᆞᄣᆡ다시ᄂᆞ려오실지아지못ᄒᆞ매예수가뎨ᄌᆞ들
ᄃᆞ려닐ᄋᆞ시ᄃᆡ그ᄣᆡ를위ᄒᆞ야ᄒᆞᆼ샹뎨비ᄒᆞ라ᄒᆞ시니라예
수가열처녀들이새로쟝가들려오는신랑마죵가는비유
로말ᄉᆞᆷᄒᆞ시ᄃᆡ그신랑이안해를집으로ᄃᆞ려올시그나라
에셔는사ᄅᆞᆷ이쟝가들ᄣᆡ신랑과신랑의친구들이ᄀᆞᆺ치가
셔밤에신부를ᄃᆞ리고신랑의집으로도라올시신랑이집

에갓가이올새다른친구들이각각등파홰를가지고마죵가는법이라이열처녀들이신랑을마죵갈시등을예비ᄒᆞ엿더니신랑이오리지체ᄒᆞᆫ매처녀들이누어셔기ᄃᆞ리다가잠들엇더니다숫처녀는지혜가잇서등에담은기름와에기름을더가지고왓스니만일불이써지게되면ᄯᅩ기름을담으려고그러케ᄒᆞ엿스ᄃᆡ다숫처녀는어리셕으매등에담은기름외에더가져오지아니ᄒᆞ엿더니신랑을기ᄃᆞ리다가잠들엇슬새밤즁에사름들이신랑옴을보고소릐질너골ᄋᆞᄃᆡ신랑이오니마죵나가라ᄒᆞ거늘여러처녀들이급히니러나등을잡을시자는동안에등이ᄯᅳ고기름이업는지라어리셕은처녀들이기름이업스매지혜잇는처녀들의게와셔말ᄒᆞᄃᆡ우리등이써졋스니너희기름을우리게좀달나ᄒᆞ거늘지혜잇는처녀들이ᄃᆡ답ᄒᆞᄃᆡ너희와우리들쓸기름이넉넉지못ᄒᆞ니너희는기름파는사름의게가셔너희쓸거슬사라ᄒᆞ더라그럼으로어리셕은처녀들은기름을사러갓더니간ᄉᆞ이에신랑이온지라지혜잇는처녀들은등을예비ᄒᆞ엿스매신랑과ᄀᆞᆺ치집에드러가셔잔치에안졋더니조곰잇다가어리셕은처녀들이왓스나새가너무느졋스매문이닷쳣는지라문밧게셔셔부르ᄃᆡ드러오게ᄒᆞ지아니ᄒᆞ더라이비유에신랑이밤에옴은예수가텬당으로좃차다시이셰상에ᄂᆞ려오심을비ᄒᆞᆫ거시오지혜잇는처녀들은예수를ᄉᆞ랑ᄒᆞ고슌종ᄒᆞ야예수오실새를예비ᄒᆞ는사름의게비ᄒᆞᆷ이니예수가쟝ᄎᆞᆺ그사름들을ᄃᆞ려갈거시오어리셕은처녀들은예수를ᄉᆞ랑ᄒᆞ

고슌죵치아니ᄒᆞ고예수다시오실날에예수맛남을예비
ᄒᆞ지아닌사ᄅᆞᆷ의게비ᄒᆞᆷ이라예수가면식골간사ᄅᆞᆷ으로
비유ᄒᆞ야말ᄉᆞᆷᄒᆞ시ᄃᆡ그사ᄅᆞᆷ이ᄯᅥ나기젼에하인들을불
너돈을주ᄃᆡ이돈을졔것삼으라고주ᄂᆞᆫ거시아니라ᄌᆞ긔
업ᄂᆞᆫ동안에이돈으로ᄡᅥ취리ᄒᆞ라ᄒᆞᆷ이라ᄒᆞᆫ하인의게ᄂᆞᆫ
오쳔금을주고ᄯᅩᄒᆞᆫ하인의게ᄂᆞᆫ이쳔금을주고ᄯᅩᄒᆞᆫ하인
에게ᄂᆞᆫ일쳔금을주엇스니ᄉᆡᆼ각에그하인들이돈ᄡᅳᆯ줄알
만치주고길을ᄯᅥ나니라오쳔금밧은하인은그돈으로장
ᄉᆞᄒᆞ여오쳔금을더엇고이쳔금가진하인도그와ᄀᆞᆺ치ᄒᆞ
야이쳔금을더엇엇스니그두하인들은제쥬인준것보다
ᄇᆡ를엇고일쳔금밧은하인은쥬인을ᄉᆞ랑ᄒᆞ지아니ᄒᆞᆷ으
로일ᄒᆞ기를즐기지아니ᄒᆞᆫ매ᄯᅡ에ᄒᆞᆫ구멍을파고돈을감
초아쥬인이오도록두엇더니오랜후에쥬인이도라와셔
하인들을불너뎌희들ᄒᆞᆫ일을무ᄅᆞ니오쳔금밧엇던하인
은말ᄒᆞᄃᆡ쥬인이나를오쳔금을주엇ᄂᆞ니나ㅣ가오쳔금
을더엇엇슴을보쇼셔ᄒᆞ거ᄂᆞᆯ쥬인이ᄀᆞᆯᄋᆞᄃᆡ잘ᄒᆞ엿도다
너ㅣ가착ᄒᆞ고츙직ᄒᆞᆫ하인이라내준돈으로부즈런히ᄒᆞ
고조심ᄒᆞ엿슴으로나ㅣ가돈을더줄터히니너ㅣ가내집
에와셔즐거이살나ᄯᅩ이쳔금밧엇던하인이말ᄒᆞᄃᆡ쥬인
아당신이나를이쳔금을주엇ᄂᆞ니나ㅣ가이쳔금을더ᄂᆞ
럿ᄂᆞ이다쥬인이ᄀᆞᆯᄋᆞᄃᆡ착ᄒᆞ고츙직ᄒᆞᆫ하인이라나ㅣ준
돈으로부즈런이ᄒᆞ고조심ᄒᆞ엿슴으로나ㅣ가돈을더줄
터히니너ㅣ가내집에와셔즐거이살나ᄯᅩ일쳔금밧엇던
하인이와셔쥬인의게악ᄒᆞᆫ게말ᄒᆞᄃᆡ쥬인아당신의잇ᄂᆞᆫ

것외에더원ᄒᆞ매나ㅣ가쥬인의돈을일허ᄇᆞ리고형벌밧
을가두렵기로ᄯᅡ에ᄀᆞᆷ초엇더니아모도ᄎᆞ자가저가지못
ᄒᆞ엿스매나ㅣ가저왓스니돈을도로밧으쇼셔ᄒᆞ거ᄂᆞᆯ쥬
인이ᄀᆞᆯᄋᆞ되너ᄂᆞᆫ게으르고거역ᄒᆞᄂᆞᆫ하인으로핑계만ᄒᆞ
ᄂᆞᆫ도다ᄒᆞ고다ᄅᆞᆫ하인을불너닐ᄋᆞ되이하인의게잇ᄂᆞᆫ일
쳔금을쀄ᄒᆞ야오쳔금엇은하인의게주라아모사ᄅᆞᆷ이라
도무엇세리ᄂᆞᆷ기면나ㅣ가더주려니와리ᄂᆞᆷ기지아니ᄒᆞ
면제게잇던조고만거시라도도로ᄲᅢ아스리라ᄒᆞ더라이
비유에그쥬인은예수의게비ᄒᆞᆷ이니텬당에올나가셔열
마나오래계실ᄂᆞᆫ지우리가아지못ᄒᆞ나다시ᄂᆞ려오시리
라그하인들은예수를위ᄒᆞ야일ᄒᆞ라고이셰상에둔우리
의게비ᄒᆞᆷ이니예수가우리게일ᄒᆞ라고다돈주지아니ᄒᆞ

엿스나우리로ᄒᆞ야곰엇던일을ᄒᆞᆯ만ᄒᆞ게ᄆᆞᆫᄃᆞ셧ᄂᆞ니우
리가혹손으로무슨일을잘ᄒᆞ거나혹ᄀᆞᄅᆞ치기를잘ᄒᆞ거
나혹글씨를잘쓰거나혹그림을잘그리거나무어시던지
잘ᄒᆞᆯ수잇ᄂᆞᆫ것과무어시던지우리게잇스면그것스로착
ᄒᆞᆫ일ᄒᆞᆯ수잇ᄂᆞᆫ거시예수가우리게돈을주신것과ᄀᆞᆺᄒᆞ니
라이비유에비ᄒᆞᆯ거슨우리쥬예수를위ᄒᆞ야일ᄒᆞ기에힘
쓰기를두쟉ᄒᆞᆫ하인과ᄀᆞᆺ치ᄒᆞ면심판ᄒᆞᄂᆞᆫᄯᅢ에예수가우
리를상주시려니와만일그악ᄒᆞᆫ하인과ᄀᆞᆺ치게으르고예
수를위ᄒᆞ야일ᄒᆞ지아니ᄒᆞ면예수가그ᄯᅢ에형벌ᄒᆞ시리
라예수가뎨ᄌᆞ들ᄃᆞ려심판ᄒᆞᄂᆞᆫᄯᅢ에엇지ᄒᆞᆯ일을말ᄉᆞᆷᄒᆞ
시되나ㅣ가텬당으로좃차이셰상에다시ᄂᆞ려오고모든
거룩ᄒᆞᆫ텬ᄉᆞ들이나와ᄒᆞᆷ긔와셔나ㅣ가여러사ᄅᆞᆷ보이ᄂᆞᆫ

곳에룡샹우헤안고모든죽엇던사ᄅᆞᆷ들이이러나셔내압헤셔셔나로ᄒᆞ야곰더희샹과벌을심판ᄒᆞᆯ거시오바다에ᄉᆡᆼ진빅셩과ᄯᅡ에뭇친빅셩들이다이러나셔거긔올거시니나ㅣ쟝ᄎᆞᆺ그빅셩들을두ᄯᅦ로ᄂᆞᆫ호아ᄒᆞᆫᄯᅦᄂᆞᆫ내올흔편에셰울거시니착ᄒᆞᆫ빅셩이오ᄯᅩᄒᆞᆫᄯᅦᄂᆞᆫ내왼편에셰울거시니악ᄒᆞᆫ빅셩이라그리ᄒᆞᆫ후에나ㅣ가올흔편에잇ᄂᆞᆫ빅셩들의게어질게말ᄒᆞᆫᄃᆡ너희들은하ᄂᆞ님아ᄃᆞᆯ들이라ᄒᆞ고ᄯᅩ닐ᄋᆞᄃᆡ너희들이셰샹에잇슬ᄯᅢ나를ᄉᆞ랑ᄒᆞ고슌종ᄒᆞᆫ고로하ᄂᆞ님이너희들을위ᄒᆞ야예비ᄒᆞ신즐거온곳ᄉᆞ로나와ᄒᆞᆷᄭᅴ가자ᄒᆞ고왼편에잇ᄂᆞᆫ악ᄒᆞᆫ빅셩들ᄃᆞ려닐ᄋᆞᄃᆡ너희들은나를ᄉᆞ랑ᄒᆞ고슌종치아닌고로나를ᄯᅥ나셔형벌밧을무셔온곳으로가리라ᄒᆞ셧시니그럼으로악ᄒᆞᆫ

빅셩들이그곳에가셔영원이형벌밧으러니와착ᄒᆞᆫ빅셩은예수와ᄀᆞᆺ치영원히복밧을텬당으로가리라

뎨이십쟝 예수가이런거슬다말ᄉᆞᆷᄒᆞ신후에뎨ᄌᆞ들ᄃᆞ려닐너ᄀᆞᆯᄋᆞ샤ᄃᆡ두날후에유월절된ᄯᅢ에나ㅣ가비반ᄒᆞᆷ을밧어십ᄌᆞ가에못박히리라ᄒᆞ시니비반이라ᄒᆞᄂᆞᆫ거ᄉᆞᆫ우리가엇던사ᄅᆞᆷ과친ᄒᆞ다가후에뮈워ᄒᆞᆯᄯᅢ에더의원수들의게그사ᄅᆞᆷ을잡아해코저ᄒᆞ거던어ᄃᆡ가면ᄎᆞᄌᆞ리라닐ᄋᆞᄂᆞᆫ거시라예수가당신이예루살넴유월절직힐ᄯᅢ뎨ᄌᆞ중ᄒᆞᆫ사ᄅᆞᆷ이당신을비반ᄒᆞ고원수의게십ᄌᆞ가에못박으라고주리라ᄯᅳᆺᄒᆞ심이라열두문도중에이시가료유다가당신을비반ᄒᆞᆯ줄을알으심이러라예수가베다니셩에가시니거긔ᄂᆞᆫ마리아와마다가사ᄂᆞᆫ곳이라그녀인의형

님라사로ᄂᆞᆫ예수씌셔젼에다시살이신사름이라그곳에
엇던사름들이예수를위ᄒᆞ야ᄒᆞᆫ잔ᄎᆡ를ᄇᆡ셜ᄒᆞ엿스니그
쌔마타ᄂᆞᆫ예수를슌죵ᄒᆞ고라사로ᄂᆞᆫ샹에셔ᄒᆞᆫ가지먹더
라그쌔유대사름들먹ᄂᆞᆫ풍쇽은우리와ᄀᆞᆺ지아니ᄒᆞ니샹
마대두루평상이잇셔누어왼편골노평상을의지ᄒᆞ고올
ᄒᆞᆫ손으로먹더라예수가상에셔갑ᄉᆞ오실쌔마리아가ᄒᆞᆫ
젹은합을가지고왓스니이합은화반셕으로ᄆᆞᆫ돌고귀ᄒᆞᆫ
기름을ᄀᆞ득히담엇스니그쌔사름들이그런기름을머리
와슈염에ᄇᆞᄅᆞ고혹몸에도ᄇᆞᄅᆞ니그기름이사름의몸을
부드럽게ᄒᆞ고아름다온내음새나ᄯᅢ몸에병이업시될ᄯᅳᆺ
ᄒᆞᆫ지라혹친구가ᄎᆞ자오면됴ᄒᆞᆫ기름으로ᄇᆞᄅᆞᄂᆞᆫ법이니
이거ᄉᆞᆫ미우착ᄒᆞᆫ게ᄃᆡ접ᄒᆞᆷ이니라그쌔마리아가합을가
지고예수씌와셔합을ᄭᅢ쳐기름을예수발에붓고제머리
털노문ᄌᆞ르니됴ᄒᆞᆫ내옴새가집에가득ᄒᆞ더라마리아가
이러케ᄒᆞᆫᄯᅳᆺ손예수가뎐당으로조차ᄂᆞ려오샤저를ᄆᆞᄅᆞ
쳐하ᄂᆞ님ᄌᆞ손이되게ᄒᆞ심으로이러케ᄉᆞ랑ᄒᆞᆷ을뵈이ᄂᆞᆫ
거시여늘예수를ᄇᆡ반ᄒᆞ려ᄒᆞᄂᆞᆫ악ᄒᆞᆫ문도유다가마리아
를칙망ᄒᆞ야ᄀᆞᆯᄋᆞᄃᆡ엇지이기름을삼ᄇᆡᆨ금에ᄑᆞᄅᆞ셔가난
ᄒᆞᆫᄇᆡᆨ셩을주지아니ᄒᆞᄂᆞ뇨유다가ᄎᆞᆷ가난ᄒᆞᆫᄇᆡᆨ셩을위ᄒᆞ
야이말ᄒᆞᆫ거시아니라이에돈자로를가젓고도젹이니그
돈을제것삼으려ᄒᆞᆷ이러라예수가유다ᄃᆞ려닐너ᄀᆞᆯᄋᆞ샤
티마리아가내게올케ᄒᆞ엿스니칙망ᄒᆞ지마라내뎨ᄌᆞ들
이온셰샹에가셔ᄇᆡᆨ셩을ᄆᆞᄅᆞ칠쌔마리아가착ᄒᆞᆫ일ᄒᆞᆫ거
슐ᄇᆡᆨ셩의게닐너셔ᄒᆞᆼ샹긔억ᄒᆞ게ᄒᆞ리라우리가본바예

루살넴셩뎐에하ᄂᆞ님씌례비ᄒᆞᄂᆞᆫ일을맛ᄒᆞᆫ제ᄉᆞ쟝들이잇스니여러제ᄉᆞ쟝들즁에놉ᄒᆞᆫ제ᄉᆞ쟝들이니착ᄒᆞᆫ사름들이아니라예수가ᄇᆡᆨ셩의게올ᄒᆞᆫ일을ᄒᆞ고하ᄂᆞ님을슌죵ᄒᆞ라ᄀᆞᄅᆞ치심을듯고예수를뮈워ᄒᆞ더니그쌔유다가놉ᄒᆞᆫ제ᄉᆞ쟝들의게가셔무ᄅᆞ되나ㅣ예수를비반ᄒᆞ야너희를드리고예수잇ᄂᆞᆫ곳에가셔잡아죽이게ᄒᆞ면나를돈얼마나주려ᄒᆞᄂᆞ뇨놉ᄒᆞᆫ제ᄉᆞ쟝들이ᄀᆞᆯᄋᆞ되은삼십긔를주리라ᄒᆞ니이거시만치아니ᄒᆞ나유다ᄂᆞᆫ돈을ᄆᆞ장ᄉᆞ랑ᄒᆞᄂᆞᆫ고로은삼십긔를위ᄒᆞ야제쥬인을비반ᄒᆞᆯᄆᆞ음을두고그쌔브터예수홀로계신쌔를직희여놉ᄒᆞᆫ제ᄉᆞ쟝들을ᄃᆞ려다가예수를비반ᄒᆞ려ᄒᆞ더라이쌔ᄂᆞᆫ유대국유월절이라사름마다양을잡아불에구어집안식구로더부러밤에먹으니대개유월절잔치ᄂᆞᆫ밤에먹ᄂᆞᆫ법이러라예수가문도들로더부러이잔치를잡ᄉᆞ오려가실ᄉᆡ문도들이엿ᄌᆞ오되우리가어ᄃᆡ가셔잔치를예비ᄒᆞ리잇가예수ㅣᄀᆞᆯᄋᆞ샤ᄃᆡ예루살넴셩에드러가면물통가지고가ᄂᆞᆫ사름을맛날거시니그사름가ᄂᆞᆫ집에ᄯᆞ라가셔그집쥬인을보고말ᄒᆞᄃᆡ우리쥬가뎨ᄌᆞ들로더부러유월절간치먹을방을우리의게뵈이기를원ᄒᆞᆫ다ᄒᆞ면그사름이밥상과평상잇ᄂᆞᆫ웃층큰방을뵈일거시니그방에셔잔치를예비ᄒᆞ라ᄒᆞ시더라문도들이예수말ᄉᆞᆷ대로예루살넴에드러가셔물통가지고가ᄂᆞᆫ사름을맛나ᄯᆞ라그집에드러가니그쥬인이예수말ᄉᆞᆷ과ᄀᆞᆺ치웃층큰방을뵈이거ᄂᆞᆯ문도들이거긔셔잔치를예비ᄒᆞ니라 그젼녁에예수가열두뎨ᄌᆞ로더부

러ᄒᆞᆷ씌오샤잔치ᄅᆞᆯ잡ᄉᆞ오실ᄉᆡ뎨ᄌᆞ들ᄃᆞ려닐ᄋᆞ시ᄃᆡ나
ㅣ너희와ᄀᆞᆺ치잔치먹음이이번이ᄆᆞᄌᆞ막이라ᄒᆞ시니대
개당신이죽을줄을알으심이러라문도들이예수ᄂᆞᆫ죽지
안이실줄을ᄯᅳᆺᄒᆞ엿스니예수ᄂᆞᆫ하ᄂᆞ님의아ᄃᆞᆯ인고로미
우놉게되여보좌에안저나라ᄅᆞᆯ다ᄉᆞ리시리니저희들도
놉히되리라ᄉᆡᆼ각ᄒᆞ고저희들이젼에ᄒᆞᆫ일ᄯᅢ로누가뎨일
놉흔사ᄅᆞᆷ이될가서로ᄃᆞ토거ᄂᆞᆯ예수ㅣ닐ᄋᆞ샤ᄃᆡ내
나라에뎨일놉히되ᄂᆞᆫ사ᄅᆞᆷ은다ᄉᆞ리고저아니ᄒᆞ고온젼
히겸손ᄒᆞ야다른사ᄅᆞᆷ셤기기ᄅᆞᆯ돌계녁이ᄂᆞ니라ᄒᆞ시고
예수가상에셔이러나샤것옷슬벗고슈건으로몸을동히
고동의에물을부어문도들마다발을씻기시고슈건으로
닥ᄀᆞ시니라그나라에미우ᄂᆞᆫ진하인과죵이쥬인과쥬인
의친구의발을씻기ᄂᆞᆫ법이여ᄂᆞᆯ예수가문도들의게이러
케ᄒᆞ심은당신이쥬와스승이되엿스ᄃᆡ문도들을위ᄒᆞ야
하인의쳐디ᄅᆞᆯ돌계ᄎᆔᄒᆞ심을뵈임이러라발을다씻기시
고벗섯든의복을닙으시고다시상에안즈샤문도들ᄃᆞ려
말ᄉᆞᆷᄒᆞ시ᄃᆡ나ㅣ가너희계ᄒᆞᆷ과ᄀᆞᆺ치너희가서로ᄒᆞ라ᄒᆞ
시더라잔치ᄅᆞᆯ먹을ᄉᆡ예수ㅣᄀᆞᆯᄋᆞ샤ᄃᆡ나ㅣ진실로말ᄒᆞ
노니너희즁에ᄒᆞᆫ사ᄅᆞᆷ이나ᄅᆞᆯ비반ᄒᆞ리라ᄒᆞ시니뎨ᄌᆞ들
이이말ᄉᆞᆷ을듯고미우놀나고근심ᄒᆞ야서로ᄇᆞ라보며누
구ᄅᆞᆯᄯᅳᆺᄒᆞ심인지의심ᄒᆞ야낫낫치뭇ᄌᆞ오ᄃᆡ쥬여나ㅣ니
잇가나ㅣ니잇가ᄒᆞ더니예수ㅣᄀᆞ장ᄉᆞ랑ᄒᆞ시ᄂᆞᆫ뎨ᄌᆞㅣ
예수에가ᄉᆞᆷ을의지ᄒᆞ야무러ᄀᆞᆯᄋᆞᄃᆡ이즁에누구ㅣ닛가
예수ㅣᄀᆞᆯᄋᆞ샤ᄃᆡ나ㅣ가징반에ᄯᅥᆨᄒᆞᆫ조각을젹시여그사

ᄅᆞᆷ의게주리라ᄒᆞ시고ᄯᅥᆨ을적시여이시가료유다를주시더라유다가상을ᄯᅥ나거리에나오니그ᄯᅢ는밤이라그사ᄅᆞᆷ이나간후에예수ㅣ뎨ᄌᆞ들ᄃᆞ려닐ᄋᆞ시ᄃᆡ나ㅣ잠ᄭᅡᆫ동안만너희들로더부러ᄀᆞᆺ치잇스리라ᄒᆞ시고ᄀᆞᆯᄋᆞ샤ᄃᆡ너희들ᄯᅥ나기젼에새계명을주노니나ㅣ가너희를ᄉᆞ랑ᄒᆞᆷ과ᄀᆞᆺ치너희들이서로ᄉᆞ랑ᄒᆞ라너희들이서로ᄉᆞ랑ᄒᆞ면모든ᄇᆡᆨ셩들이너희가ᄂᆡ뎨ᄌᆞᆫ줄알니라ᄒᆞ시더라ᄯᅩ뎨ᄌᆞ들ᄃᆞ려닐ᄋᆞ시ᄃᆡ이밤에너희들이유감에드러가나를ᄇᆞ리고다라나리라ᄒᆞ시니유다ㅣ못사ᄅᆞᆷ을ᄃᆞ리고예수를잡으려올고로뎨ᄌᆞ들이그사ᄅᆞᆷ들을볼ᄯᅢ에두려워ᄒᆞᆯ줄을말ᄉᆞᆷᄒᆞ심이니예수는모든일을알으시는고로못사ᄅᆞᆷ이올줄을알으셧거니와뎨ᄌᆞ들은알지못ᄒᆞ는지라예

수ㅣ말ᄉᆞᆷ이너희나를ᄇᆞ리리라ᄒᆞ실ᄯᅢ뎨ᄌᆞ들이밋지아니ᄒᆞ더니베드로ᄀᆞᆯᄋᆞᄃᆡ나는쥬와ᄀᆞᆺ치옥에ᄀᆞᆺ치여죽을지언뎡쥬를ᄯᅥ나지안켓고다른뎨ᄌᆞ들은다쥬를ᄇᆞ릴지라도나는당신을ᄇᆞ리지아니ᄒᆞ리이다ᄒᆞ거ᄂᆞᆯ예수ㅣ베드로ᄃᆞ려닐ᄋᆞ시ᄃᆡ이밤에ᄃᆞᆰ이두번울기젼에너ㅣ가세번말ᄒᆞᄃᆡ나를알지못ᄒᆞᆫ다ᄒᆞ리라예수ㅣ이말ᄉᆞᆷᄒᆞ실ᄯᅢ베드로가힘ᄡᅥ말ᄒᆞ여ᄀᆞᆯᄋᆞᄃᆡ나는쥬로더브러죽을지라도알지못ᄒᆞᆫ다말아니ᄒᆞ리이다모든문도들도다그리말ᄒᆞ더라뎨ᄌᆞ들이상에셔유월졀잔치를먹을시예수가손의ᄯᅥᆨ을가지고하ᄂᆞ님ᄭᅴ감샤ᄒᆞᆫ후에ᄯᅥᆨ을여러조각에ᄯᅦ여뎨ᄌᆞ들을ᄒᆞᆫ조각식주시고ᄀᆞᆯᄋᆞ샤ᄃᆡ이ᄯᅥᆨ을밧아먹으라이ᄯᅥᆨ이내몸이니너희를위ᄒᆞ야ᄯᅦ는거시라ᄒᆞ시니이ᄯᅥᆨ

이당신몸과ᄀᆞᆺ다ᄒᆞ심은당신이미구에더들과우리를
위ᄒᆞ야십ᄌᆞ가에샹ᄒᆞ여셔치심을뜻ᄒᆞ심이러라ᄯᅥᆨ을주
신후에술을가지시고하ᄂᆞ님ᄭᅴ감샤ᄒᆞᆫ후에뎨ᄌᆞ들을주
며ᄀᆞᆯᄋᆞ샤ᄃᆡ이술을마시라이술이내피니너희죄를샤ᄒᆞᆷ
으로흘니ᄂᆞᆫ거시라이술이당신피와ᄀᆞᆺ다ᄒᆞ심은당신이
미구에십ᄌᆞ가에못박히실ᄯᅢ손과발샹ᄒᆞᆫ곳에셔피흐름을
뜻ᄒᆞ심이니예수ㅣ십ᄌᆞ가에못박힘을밧ᄂᆞᆫ연고ᄂᆞᆫ사ᄅᆞᆷ
의죄를용셔되게ᄒᆞ고져ᄒᆞ심이라뎨ᄌᆞ들ᄃᆞ려닐ᄋᆞ시ᄃᆡ
나ㅣ죽은후에너희ᄒᆞᆫ가지모혀나ㅣ가ᄀᆞᄅᆞ친대로ᄯᅥᆨ을
먹고술을마시고ᄯᅩ어ᄂᆞᆫᄯᅢ던지너희들이이잔ᄎᆡᄒᆞᆯᄯᅢ맛
당이나를긔억ᄒᆞ라ᄒᆞ셧시니그러므로지금교중사ᄅᆞᆷ들
이셩찬먹ᄂᆞᆫ법을직힘이러라우리가그ᄯᅢᄂᆞᆫᄯᅥᆨ을볼ᄯᅢ십

ᄌᆞ가에못박힌예수의몸을ᄉᆡᆼ각ᄒᆞᄂᆞᆫ거시오그술을볼ᄯᅢ
예수의손과발에셔흘이신피를ᄉᆡᆼ각ᄒᆞᄂᆞᆫ뜻시라예수를
밋ᄂᆞᆫ사ᄅᆞᆷ들이예수가이셰샹에다시오시도록이잔ᄎᆡ를
ᄒᆞᆯ거시니이잔ᄎᆡ먹을ᄯᅢ마다저의지은죄를예수가십ᄌᆞ
가에ᄃᆡ신형벌밧으심을ᄉᆡᆼ각ᄒᆞ고그죄를회개ᄒᆞ고다시
범ᄒᆞ지안키를결단ᄒᆞᆯ거시니라

뎨이십일쟝 예수와뎨ᄌᆞ들이잔ᄎᆡ를먹을ᄯᅢ예수가뎨ᄌᆞ
들ᄃᆞ려닐ᄋᆞ샤ᄃᆡ나ㅣ너희를ᄯᅥ나ᄂᆞᆫ거슬근심치마라나
ㅣ너희를위ᄒᆞ야내아바지ᄭᅴ가셔ᄒᆞᆫ곳슬예비ᄒᆞ리라ᄒᆞ
시니텬당을뜻ᄒᆞ심이라ᄯᅩᄀᆞᆯᄋᆞ샤ᄃᆡ나ㅣ너희를위ᄒᆞ야
ᄒᆞᆫ곳슬예비ᄒᆞᆫ후에다시와셔너희를ᄃᆞ려가ᄒᆞᆷᄭᅴ잇스리
라ᄒᆞ시니라ᄯᅩᄀᆞᆯᄋᆞ샤ᄃᆡ나ㅣ가준계명에ᄀᆞᄅᆞ친모든착

혼일을ᄒᆞᆯ거시니이거시나를ᄉᆞ랑ᄒᆞᄂᆞᆫ표ㅣ니라만일너
희가나를ᄉᆞ랑ᄒᆞ면내아바지가ᄯᅩ너희를ᄉᆞ랑ᄒᆞ시리라
ᄯᅩ샹약ᄒᆞ야ᄀᆞᆯᄋᆞ샤ᄃᆡ나ㅣ너희를ᄯᅥ난후에내아바지가
너희ᄆᆞ음에셩신을주샤그셩신이ᄒᆞᆼ샹너희와ᄀᆞᆺ치잇
서셔너희로ᄒᆞ여곰ᄂᆡᄀᆞᄅᆞᆫ친거ᄉᆞᆯ긔억ᄒᆞ게ᄒᆞ실거시오
ᄯᅩ나ㅣ가간후에너희들이견ᄃᆡ기어려온근심이잇ᄉᆞᆯᄯᅢ
셩신이위로ᄒᆞ시고ᄯᅩ너희들이ᄇᆡᆨ셩을ᄀᆞᄅᆞ칠ᄯᅢ셩신이
너희말ᄒᆞᆯ바를ᄀᆞᄅᆞ치시리라ᄯᅩᄀᆞᆯᄋᆞ샤ᄃᆡ지금너희를ᄯᅥ
나죽음으로너희들이섭섭ᄒᆞ티나ㅣ죽엇다가다시살어
난후에너희들이나를다시보고섭섭ᄒᆞ던거시변ᄒᆞ야즐
거옴이되리라ᄯᅩ닐ᄋᆞ시ᄃᆡ너희들이아모ᄯᅢ라도하ᄂᆞ님
ᄭᅴ무ᄉᆞᆫ거ᄉᆞᆯ빌ᄯᅢ나를인ᄒᆞ야달나ᄒᆞ라ᄒᆞ시니라우리ᄂᆞᆫ

무ᄉᆞᆫ물건을밧기에유공ᄒᆞ지못ᄒᆞ고다른사ᄅᆞᆷ은그물건
을밧기에유공ᄒᆞ면그사ᄅᆞᆷ을인ᄒᆞ야달나ᄒᆞᄂᆞ니우리ᄂᆞᆫ
죄가잇고하ᄂᆞ님을거역ᄒᆞᆫ고로하ᄂᆞ님ᄭᅴ아모것도밧을
공이업스매우리가하ᄂᆞ님ᄭᅴ빌ᄯᅢ아모거시라도우리를
인ᄒᆞ야빌수가업ᄂᆞ니라그러나우리가예수뎨ᄌᆞ가되야
아모거시던지하ᄂᆞ님ᄭᅴ예수를인ᄒᆞ야빌면하ᄂᆞ님이우
리가그거ᄉᆞᆯ엇지아니ᄒᆞ면됴ᄒᆞᆫ거ᄉᆞᆯ알ᄋᆞ시ᄂᆞᆫ외에ᄂᆞᆫ주
시ᄂᆞ니라예수가뎨ᄌᆞ들ᄃᆞ려말ᄉᆞᆷᄒᆞᆫ신후에텬당을우러
러보시며뎨ᄌᆞ들을위ᄒᆞ야하ᄂᆞ님ᄭᅴ비ᄅᆞ시고뎨ᄌᆞ들ᄲᅮᆫ
아니라무론남녀노소ᄒᆞ고뎨ᄌᆞ들의ᄀᆞᄅᆞ침을듯고예수
를밋ᄂᆞᆫ사ᄅᆞᆷ을위ᄒᆞ야비ᄅᆞ시니라그뎨ᄌᆞ들이다죽은고
로우리가뎨ᄌᆞ의ᄀᆞᄅᆞ침을듯지못ᄒᆞ나셩경에뎨ᄌᆞ들이

ᄆᆞᄅᆞ친말ᄉᆞᆷ을보ᄂᆞ니우리가셩경에ᄆᆞᄅᆞ친말ᄉᆞᆷ을보
는고로예수를밋고ᄉᆞ당ᄒᆞ면우리도예수가하ᄂᆞ님ᄭᅴ위
ᄒᆞ야긔도ᄒᆞᆫ사ᄅᆞᆷ즁에잇ᄂᆞ니라예수가하ᄂᆞ님ᄭᅴ비ᄅᆞ시
ᄃᆡ뎨ᄌᆞ들로그런일을ᄒᆞ지말게ᄒᆞ시며ᄐᆡ를밧는ᄃᆡ셔구
ᄒᆞ샤하ᄂᆞ님아ᄃᆞᆯ이되게ᄒᆞ쇼셔ᄒᆞ시고ᄯᅩ하ᄂᆞ님ᄭᅴ말ᄉᆞᆷ
ᄒᆞ시ᄃᆡ내뎨ᄌᆞ들이련당에올나가나와ᄀᆞᆺ치잇셔아바지
가나를주신권능과영화를보게ᄒᆞ쇼셔ᄒᆞ시니라예수가
긔도를다ᄒᆞᆫ후에뎨ᄌᆞ들과ᄒᆞᆫ가지찬미ᄒᆞ시고잔ᄎᆡ잡ᄉᆞ
오시던집을ᄯᅥ나샤예루살넴갓가온엘나온산에가샤겨
긔잇는동산겟세만에라ᄒᆞ는곳에드러가셔뎨ᄌᆞ들잇는
곳에셔조곰더가사ᄭᅮᆯ어안저긔도ᄒᆞ시니라그ᄯᅢ예수가
긔도ᄒᆞ시기를극히의통ᄒᆞ심이잇스니당신이쟝ᄎᆞᆺ미우

무셥고어려옴을당ᄒᆞ실연고ㅣ라예수가엇지ᄒᆞ야이러
ᄭᅦ견ᄃᆡ기어려온고로옴을당ᄒᆞ셧ᄂᆞ뇨우리가지은죄로
말미암아형벌을밧으리라죄는무셔온거시니하ᄂᆞ님이
진노ᄒᆞ샤흉샹형벌ᄒᆞ시ᄂᆞ니라우리죄가잇스매맛당히
형벌밧을터인ᄃᆡ예수가우리를ᄉᆞ랑ᄒᆞ시는고로우리를
ᄃᆡ신ᄒᆞ샤형벌을밧으시니리셰수가긔도ᄒᆞ신후에ᄯᅡ에
셔니러나샤뎨ᄌᆞ들잇는곳으로도라오시니뎨ᄌᆞ들이잠
자는지라예수ㅣᄀᆞᆯᄋᆞ샤ᄃᆡ너희엇지자ᄂᆞ뇨니러나셔너
희가유감에들지말기를긔도ᄒᆞ라ᄒᆞ시니ᄯᅢ개미구에그
문도들이당신을ᄇᆞ리고ᄃᆞ라나유감밧을줄을알으심이
러라예수가다시가셔긔도ᄒᆞ시고문도들의게도라오샤
ᄀᆞᆯᄋᆞ샤ᄃᆡ나를비반ᄒᆞᆯ사ᄅᆞᆷ이갓가이오니니러나갈지여

다ᄒᆞ시더라우리가본바악ᄒᆞᆫ문도유다가놉ᄒᆞᆫ졔ᄉᆞ장들
의게가셔무ᄅᆞᆯ대나ㅣ가예수잇ᄂᆞᆫ곳슬ᄀᆞᄅᆞ쳐주면돈을
얼마나주겟ᄂᆞ뇨ᄒᆞᆫ니그졔ᄉᆞ장들이은삼십ᄀᆡ를허락ᄒᆞᆫ
지라그후로브터유다가예수비반ᄒᆞᆯ섀를직희더니이섀
예수가젹막ᄒᆞᆫ동산에뎨ᄌᆞ들노만더브러계심을알고유
다가ᄉᆡᆼ각ᄒᆞ되이섀예수를비반ᄒᆞ기됴ᄒᆞᆫ섀라ᄒᆞ야그놉
ᄒᆞᆫ졔ᄉᆞ장들과바리새사ᄅᆞᆷ들의게가셔예수잇ᄂᆞᆫ곳슬닐
ᄋᆞ니그사ᄅᆞᆷ들이ᄒᆞᆫ섀사ᄅᆞᆷ을모와칼과몽동이를주어예
수를잡으려보낼식유다가그사ᄅᆞᆷ들을ᄃᆞ리고동산에올
섀예수가그사ᄅᆞᆷ들옴을알으시되굽히ᄃᆞ라나지아니ᄒᆞ
시고잡히기를기ᄃᆞ리시니당신이죽을섀되엿슴을알으
시ᄂᆞᆫ연고ㅣ러라예수가뎨ᄌᆞ들ᄃᆞ려닐너ᄀᆞᆯᄋᆞ샤ᄃᆡ나를

비반ᄒᆞᆯ사ᄅᆞᆷ이갓가이온다ᄒᆞ실섀유다와모든사ᄅᆞᆷ들이
칼과몽동이와불을가지고오더라유다가이사ᄅᆞᆷ들ᄃᆞ려
닐ᄋᆞᄃᆡ예수가어나사ᄅᆞᆷ인지너희엇지알니오나ㅣ가입
맛초ᄂᆞᆫ사ᄅᆞᆷ이예수라그사ᄅᆞᆷ을샐니잡으라ᄒᆞ고유다가
예수씌와셔보기를반가워ᄒᆞᄂᆞᆫ톄ᄒᆞ고쥬여쥬여ᄒᆞ며입
을맛초니예수ㅣᄀᆞᆯᄋᆞ샤ᄃᆡ유다야너ㅣ가입맛촘으로나
를내원슈들의게비반ᄒᆞᄂᆞ냐ᄒᆞ시니놉ᄒᆞᆫ졔ᄉᆞ졔장들의
보낸사ᄅᆞᆷ들이유다가예수와입맛촘을보고예수를잡아
줄로결박ᄒᆞ야가저가거늘뎨ᄌᆞ들이그사ᄅᆞᆷ들이저희ᄉᆞ
랑ᄒᆞᄂᆞᆫ쥬의게이ᄀᆞᆺ치ᄒᆞᆷ을보고그사ᄅᆞᆷ들로더부러싸호
고저ᄒᆞ야예수씌말ᄉᆞᆷᄒᆞᄃᆡ쥬여우리가뎌사ᄅᆞᆷ들과칼로
싸호리잇가ᄒᆞᆫ더니베드로가ᄒᆞᆫ칼이잇ᄂᆞᆫ지라칼을쎄혀

ᄒᆞᆫ사ᄅᆞᆷ의올흔편귀를버히니예수ㅣ베드로ᄃᆞ려닐ᄋᆞ샤
ᄃᆡ네칼을칼집에너흐라나ㅣ가내아바지ᄭᅴ쳥ᄒᆞ면아바
지가렬ᄉᆞ수쳔명을보내샤ᄊᆞ화내죽음을구ᄒᆞ시리라ᄒᆞ
시더라그러나예수가죽어우리죄의형벌을ᄃᆡ신밧지아
니시면우리들의죄가용셔됨을밧지못ᄒᆞ겟ᄂᆞᆫ고로쳥ᄒᆞ
지아니섯스니예수가우리로인ᄒᆞ야잡히여죽기를달게
녁이시니라예수가손을펴셔베드로가칼로쳐버힌사ᄅᆞᆷ
의귀를문져낫게ᄒᆞ시니뎨ᄌᆞ들이저희들도줄로결박ᄒᆞ
야예수와ᄒᆞᆷᄭᅴ가저갈ᄭᅡ두려워ᄒᆞᆷ으로다예수를ᄇᆞ리고
급히도망ᄒᆞ니라우리가본바유월졀잔ᄎᆡ먹을ᄯᆡ에예수가
뎨ᄌᆞ들ᄃᆞ려닐ᄋᆞ시ᄃᆡ너희들이쟝ᄎᆞᆺ유감을밧어나를ᄇᆞ
리리라ᄒᆞ실ᄯᆡ뎨ᄌᆞ들이말ᄒᆞᄃᆡ아니라우리가쥬를ᄇᆞ리

지안켓ᄂᆞ이다ᄒᆞ고ᄯᅩ베드로ㅣ글ᄋᆞᄃᆡ다른뎨ᄌᆞ들은쥬
를ᄇᆞ릴지라도나ᄂᆞᆫ아니ᄇᆞ리리라ᄒᆞ엿것마ᄂᆞᆫ이ᄯᆡ베드
로와모든뎨ᄌᆞ들이예수를원수의게ᄇᆞ리고ᄃᆞ라나니라
우리가본바셩뎐에잇ᄂᆞᆫ놉흔제ᄉᆞ쟝들즁에ᄒᆞᆫ뎨일놉흔
제ᄉᆞ쟝이잇스니이ᄂᆞᆫ대제ᄉᆞ쟝이라다른제ᄉᆞ제쟝들을
거ᄂᆞ리고ᄇᆡᆨ셩의게법과이된고로유대사ᄅᆞᆷ즁에ᄆᆡ우놉
ᄒᆞᆫ사ᄅᆞᆷ이라예수잡은사ᄅᆞᆷ들이대제ᄉᆞ쟝집에예수를ᄃᆞ
려왓스니모든놉흔제ᄉᆞ쟝들과유대법관들이거긔왓더
라이ᄯᆡ베드로가뭇사ᄅᆞᆷ이동산에셔예수를잡아감을보
고그사ᄅᆞᆷ들을ᄯᆞ라갈ᄉᆡ아모사ᄅᆞᆷ도아지못ᄒᆞ게ᄒᆞ고져
ᄒᆞ야갓가이가지안코멀니ᄯᆞ라가더니그사ᄅᆞᆷ들이예수
를ᄃᆞ리고대제ᄉᆞ쟝의집에왓슬ᄯᆡ베드로가그집에드러

와셔하인들과ᄀᆞᆺ치화로불ᄀᆞ에안저몸을ᄯᅬ히며예수의
계엇지ᄒᆞᆷ을보고저ᄒᆞᆯ시아모사ᄅᆞᆷ이라도저ㅣ가예수와
ᄀᆞᆺ치잇섯고ᄯᅩ저ㅣ가예수의뎨ᄌᆞㅣᆫ줄아지못ᄒᆞ게ᄒᆞ려
ᄒᆞ더라거긔안젓ᄉᆞᆯ새ᄒᆞᆫ졂은계집하인이베드로를보고
무ᄅᆞᄃᆡ너ㅣ가예수뎨ᄌᆞ가아니냐베드로가ᄃᆡ답ᄒᆞᄃᆡ아
니라ᄒᆞ고이러나셔퇴마루에나갓더니그새밤즁이된지
라ᄃᆞᆰ이울더라즉시ᄯᅩᄒᆞᆫ계집이베드로를보고겻헤잇ᄂᆞᆫ
사ᄅᆞᆷᄃᆞ려말ᄒᆞᄃᆡ이사ᄅᆞᆷ도예수와ᄀᆞᆺ치왓다ᄒᆞ거ᄂᆞᆯ베드
로가ᄯᅩᄀᆞᆯᄋᆞᄃᆡ아니라ᄒᆞ엿더니ᄒᆞᆫ참후에ᄯᅩᄒᆞᆫ하인이귀
베혀진사ᄅᆞᆷ의일가라베드로ᄃᆞ려말ᄒᆞᄃᆡ너ㅣ가예수와
ᄒᆞᆫ가지동산에잇슴을나ㅣ가보지아니ᄒᆞ엿ᄂᆞ냐ᄒᆞ거ᄂᆞᆯ
베드로가거ᄌᆞᆺ셩내여ᄀᆞᆯᄋᆞᄃᆡ너ㅣ말ᄒᆞᄂᆞᆫ사ᄅᆞᆷ을나ㅣ가

아지못ᄒᆞ노라ᄒᆞ니즉시ᄃᆞᆰ이두번재울더라그새예수가
거긔갓가이계시샤베드로가말ᄒᆞᄃᆡ예수와ᄀᆞᆺ치잇지아
니ᄒᆞ엿고예수의뎨ᄌᆞㅣ아니라고세번말ᄒᆞᆷ을알으시고
베드로를도라보시니베드로가예수가도라보심을보고
그젼에예수말ᄉᆞᆷ이ᄃᆞᆰ이두번울기젼에너ㅣ가나를아지
못ᄒᆞᆫ다고세번말ᄒᆞ리라ᄒᆞ심을ᄉᆡᆼ각ᄒᆞ고저ᄒᆞᆫ일이악ᄒᆞᆷ
을ᄭᅢᄃᆞᆺ고그집을떠나홀노ᄒᆞᆫ곳에가셔통곡ᄒᆞ더라
뎨이십이쟝 대졔ᄉᆞ쟝들과유대법관들이미양셩뎐갓가
온집에모혀일울의논ᄒᆞᆫ때ᄇᆡᆨ셩이ᄅᆞᆯ법을범ᄒᆞ엿스면문
죄ᄒᆞᆫ후에그사ᄅᆞᆷ들의게무손형벌을맛당히밧을거ᄉᆞᆯ닐
ᄋᆞᄂᆞᆫ법이러라아츰이되매그쥬쟝들이예수ᄅᆞᆯ드리고공
회에와셔예수ᄒᆞᆫ신일이ᄎᆞᆷᄅᆞᆯ법을범ᄒᆞ엿ᄂᆞᆫ가샹고ᄒᆞᆯ시

거즛증거ᄒᆞᄂᆞᆫ사ᄅᆞᆷ을ᄃᆞ려고왓스니이ᄂᆞᆫ예수죽일평계ᄅᆞᆯ믄돌고져홈이러라여러거즛증거ᄒᆞᄂᆞᆫ사ᄅᆞᆷ이와셔예수를헐려말ᄒᆞᄃᆡ예수의그른일을증거ᄒᆞᆯ수업ᄂᆞᆫ지라대졔ᄉᆞ장이친히예수ᄃᆞ려무ᄅᆞᄃᆡ너ㅣ가하ᄂᆞ님의아ᄃᆞᆯ이냐예수ㅣᄃᆡ답ᄒᆞ시ᄃᆡ그러ᄒᆞ다이후에나ㅣ가하ᄂᆞ님을후편에안졋다가구름을ᄐᆞ고다시이셰상에ᄂᆞ려오ᄂᆞᆫ거ᄉᆞᆯ너희들이보리라대졔ᄉᆞ장이크게셩내야굴오ᄃᆡ너ㅣ가하ᄂᆞ님아ᄃᆞᆯ이라ᄒᆞ니맛당히형벌밧으리라ᄒᆞ고공회에잇ᄂᆞᆫ법관들ᄃᆞ려무ᄅᆞᄃᆡ예수의게무슨형벌을줄고ᄒᆞ니여러히ᄃᆡ답ᄒᆞᄃᆡ맛당히죽일거시라ᄒᆞ더라그사ᄅᆞᆷ들이예수를희롱ᄒᆞ고ᄎᆞᆷ밧고슈건으로예수눈을덥허보지못ᄒᆞ게ᄒᆞ고손으로예수를치며무ᄅᆞᄃᆡ너를치ᄂᆞᆫ쟈ㅣ누구

뇨너ㅣ가하ᄂᆞ님아ᄃᆞᆯ이면보지아니ᄒᆞ여도능히알니라ᄒᆞ더라유대국형별ᄒᆞᄂᆞᆫ법이여러가지다아모셰라도사ᄅᆞᆷ을형별ᄒᆞ야죽이려ᄒᆞ면로마국감ᄉᆞ의허락을쳥ᄒᆞᄂᆞᆫ법이라이감ᄉᆞᄂᆞᆫ로마국왕이유대사ᄅᆞᆷ을다ᄉᆞ리라고보낸사ᄅᆞᆷ이니우리가본바유대사ᄅᆞᆷ들이로마국에부치인고로로마국감ᄉᆞ의허락이업시면사ᄅᆞᆷ을죽이지못ᄒᆞᄂᆞᆫ법이라유대법관들과거긔잇ᄂᆞᆫ사ᄅᆞᆷ들이예수를ᄃᆞ리고로마국감ᄉᆞ빌나도의집에와셔예수를헐려말ᄒᆞᄃᆡ예수가유대사ᄅᆞᆷ들ᄃᆞ려로마국을비역ᄒᆞ라ᄒᆞ엿다ᄒᆞ고ᄯᅩ예수말이저ㅣ가님금이라ᄒᆞᆫ다ᄒᆞ니빌나도가예수ᄃᆞ려무ᄅᆞᄃᆡ너ㅣ가님금이냐예수ㅣᄃᆡ답ᄒᆞ시ᄃᆡ나ㅣ가님금이로라그러나셰샹에잇ᄂᆞᆫ님금과ᄀᆞᆺ지아니ᄒᆞ다ᄒᆞ시니대

개예수가셰샹에잇ᄂᆞᆫ님금과ᄀᆞᆺ지아니홈은예수ᄂᆞᆫ당신을ᄉᆞ랑ᄒᆞᄂᆞᆫ사ᄅᆞᆷ의ᄆᆞ음을다ᄉᆞ리시니예수와나라ᄂᆞᆫ곳ᄇᆡᆨ셩의ᄆᆞ음에잇ᄂᆞᆫ니라빌나도가유대사ᄅᆞᆷ들ᄃᆞ려닐ᄋᆞᄃᆡ너희들이예수를악ᄒᆞᆫ사ᄅᆞᆷ이라ᄒᆞ고내게ᄃᆞ리고왓ᄉᆞ나나ㅣ가문죄ᄒᆞᆫ즉아모죄도업고ᄯᅩ예수가죽을만ᄒᆞᆫ일을ᄒᆞ지아니ᄒᆞ엿도다ᄒᆞ더라ᄒᆡ마다유월졀이되면로마국감ᄉᆞ가의례옥에갓치인유대사ᄅᆞᆷᄒᆞ나흘놋ᄂᆞᆫ풍쇽이니ᄇᆡᆨ셩의구홈을좃츰이러라이ᄯᅢ가유월졀이라유대사ᄅᆞᆷ들이빌나도의게와셔젼과ᄀᆞᆺ치죄인ᄒᆞ나놋키를쳥ᄒᆞ거ᄂᆞᆯ빌나도ㅣ뭇사ᄅᆞᆷ의게무ᄅᆞᄃᆡ어나사ᄅᆞᆷ이맛당히노힐고예수가노힐거시냐ᄒᆞ니대개빌나도가유대사ᄅᆞᆷ들이예수를죄가잇서잡아온거시아니오다만뮈워ᄒᆞ야죽

이려홈을아ᄂᆞᆫ연고ㅣ러라빌나도ㅣᄇᆡᆨ셩들과말ᄒᆞᆯᄯᅢ빌나도의부인이말을보내여ᄀᆞᆯᄋᆞᄃᆡ예수를해ᄒᆞ지말나오날그착ᄒᆞᆫ사ᄅᆞᆷ의연고로민망ᄒᆞ고두려운ᄭᅮᆷ을ᄭᅮ엇노라ᄒᆞ엿더라그러나유대사ᄅᆞᆷ들이예수놋키를원ᄒᆞ지아니ᄒᆞᆫ매빌나도ㅣ더희들ᄃᆞ려예수가노힐거시나무를새여러히ᄃᆡ답ᄒᆞᄃᆡ아니라예수를놋치말고바라바를노흐라ᄒᆞ더라바라바ᄂᆞᆫ불한당질ᄒᆞ고사ᄅᆞᆷ을죽인고로옥에갓치엿거ᄂᆞᆯ유대사ᄅᆞᆷ들이빌나도의게바라바놋키를쳥ᄒᆞᄂᆞᆫ지라빌나도ㅣ뭇사ᄅᆞᆷ의게말ᄒᆞᄃᆡ그러면예수를엇더케쳐치ᄒᆞ라ᄒᆞᄂᆞ뇨ᄒᆞ니뭇사ᄅᆞᆷ이큰소리로말ᄒᆞᄃᆡ못박으쇼셔못박으쇼셔ᄒᆞ거ᄂᆞᆯ빌나도ㅣᄀᆞᆯᄋᆞᄃᆡ예수가무ᄉᆞᆫ악ᄒᆞᆫ일을ᄒᆞ엿ᄂᆞ뇨뭇사ᄅᆞᆷ이더옥큰소리로말ᄒᆞᄃᆡ못박

으쇼셔ᄒᆞ거ᄂᆞᆯ빌나도ㅣ예수를죽이고저아니ᄒᆞᆫ것마는
유대사ᄅᆞᆷ들의구ᄒᆞᆷ을듯지아니ᄒᆞ면민요ㅣ닐가렴녀ᄒᆞ야
믈을가지고뭇빅셩압희셔손을씨스며골ᄋᆞᄃᆡ나ㅣ가착
ᄒᆞᆫ사ᄅᆞᆷ을죽임이아니라너희들의게죄당ᄒᆞᆫ거시니라빌
나도ㅣ싱각에제손씻ᄂᆞᆫ거ᄉᆞ로제죄를믈로써씨셔ᄇᆞ림ᄀᆞᆺ치
ᄒᆞᆷ이로ᄃᆡ예수가죄업슴을알엇스니맛당히죽게아니ᄒᆞᆯ
거시여ᄂᆞᆯ뭇ᄎᆞᆷ내못박게ᄒᆞ엿스니빌나도의죄가손에잇
슴이아니라ᄆᆞ음에잇스니손을씨심이쓸ᄃᆡ업ᄂᆞ니라로
마국법에사ᄅᆞᆷ을못박기전에ᄯᅥ리ᄂᆞᆫ법이니옷슬벗겨형
틀에결박ᄒᆞᆫ후에몽둥이와혹ᄎᆡ직으로치ᄂᆞᆫ법이라빌나
도가예수를그모양으로ᄯᅥ리게ᄒᆞᆫ후에군ᄉᆞ들이예수를
잡아다가빌나도의집ᄒᆞᆫ방안에두고여러군ᄉᆞ들이모혀
예수를희롱ᄒᆞᆯ시예수가님금이로라말솜ᄒᆞ신고로옷슬
벗기고님금닙ᄂᆞᆫ룡포ᄃᆡ신으로ᄌᆞ쥬빗옷슬닙히고가
시를역거셔면류관ᄃᆡ신머리에씌우고님금이손에가지
ᄂᆞᆫ금홀ᄃᆡ신갈ᄃᆡ를올ᄒᆞᆫ손에쥐이고여러군ᄉᆞ들이예수
압헤절ᄒᆞ며거즛골ᄋᆞᄃᆡ유대님금은평안ᄒᆞ시온잇가ᄒᆞ
고예수얼골에춤밧고그갈ᄃᆡ를쥐고예수머리를ᄯᅥ리고
ᄯᅩ더희손으로치더라이러케ᄒᆞᆫ후에빌나도ㅣ싱각ᄒᆞᄃᆡ
예수가이ᄀᆞᆺ치미맛고참혹ᄒᆞᆫ곤욕을밧엇스니유대사
ᄅᆞᆷ들이혹노ᄒᆞ리라ᄒᆞ고그사ᄅᆞᆷ들의게예수가죽암즉지
아니ᄒᆞᆷ을뵈ᄋᆞ고져ᄒᆞ야유대사ᄅᆞᆷ들보ᄂᆞᆫ곳에머리에가
시관을씌우고몸에ᄌᆞ쥬빗옷닙힌채예수를셰으러내여
놋코빌나도가유대사ᄅᆞᆷ의게나ㅣ가그사ᄅᆞᆷ의죄를알지

못ᄒᆞ노라ᄒᆞᆫ번더말ᄒᆞ려고예수를ᄃᆞ려왓다ᄒᆞ니놉흔제ᄉᆞ장들과유대사름들이예수를보고소리질너ᄀᆞᆯᄋᆞᄃᆡ십ᄌᆞ가에못박으라십ᄌᆞ가에못박으라ᄒᆞ거ᄂᆞᆯ빌나도ㅣᄀᆞᆯᄋᆞᄃᆡ나ᄂᆞᆫ예수의게아모죄도ᄎᆞᆺ지못ᄒᆞ겟스니너희들이친히예수를ᄃᆞ려다가십ᄌᆞ가에못박으라ᄒᆞᆫ더라빌나도가예수가아모죄업슴을알엇스니맛당히유대사름ᄃᆞ려예수를해ᄒᆞ지말나ᄒᆞᆯ거시오ᄯᅩ빌나도ᄂᆞᆫ로마국감ᄉᆞㅣ라권셰가예수를노흘만ᄒᆞᆫ것마ᄂᆞᆫ유대사름들을분ᄒᆞ게ᄒᆞ면유대사름들이다른감ᄉᆞ를원ᄒᆞᆯ샤ᄒᆞᆷ으로예수를유대사름들의게주어군ᄉᆞ를보내여죽이게ᄒᆞ니라이ᄯᅢ예수를빈반ᄒᆞ던유다ㅣ예수가ᄎᆞᆷ죽게됨을볼ᄯᅢ저의ᄒᆞᆫ일이악ᄒᆞᆫ줄아ᄂᆞᆫ고로ᄆᆡ우겁내여은삼십ᄀᆡ를가지고놉흔제ᄉᆞ장들과법관들의게와셔말ᄒᆞᄃᆡ나ㅣ가죄업ᄂᆞᆫ사름을해ᄒᆞ엿슴으로죄를지엇스니이은삼십ᄀᆡ를도로밧고예수를노흐라ᄒᆞᆫᄃᆡ그놉흔제ᄉᆞ장들과법관들이ᄃᆡ답ᄒᆞ야ᄀᆞᆯᄋᆞᄃᆡ우리의게무슨상관이냐너ㅣ가스ᄉᆞ로담당ᄒᆞᆯ거시니라ᄒᆞ고예수를놋코저아니ᄒᆞ여그돈을밧지아니ᄒᆞ거ᄂᆞᆯ유다가은을ᄡᅡ헤더지고나아가셔노ᄭᅳᆫ으로목을ᄆᆡ여죽으니라그러나이러케ᄒᆞᆯ거시아니오맛당히회ᄀᆡᄒᆞ여예수ᄭᅴ가셔제큰죄가용셔됨을쳥ᄒᆞᆯ거시니라우리가본바ᄇᆡ드로가예수를알지못ᄒᆞ노라말ᄒᆞᆷ으로죄를지엇더니회ᄀᆡᄒᆞ고ᄆᆡ우불안ᄒᆞ야ᄒᆞᆫ곳에홀로가셔통곡ᄒᆞᆫ후에ᄉᆡᆼ젼에예수를ᄉᆞ랑ᄒᆞ고셤기엿스매예수가ᄇᆡ드로를용셔ᄒᆞ시니라유다ᄂᆞᆫ예수를ᄉᆞ랑ᄒᆞ야죄를ᄎᆞᆷ회ᄀᆡᄒᆞ

지아니ᄒᆞ고두려워ᄒᆞ야제죄악을ᄉᆡᆼ각ᄒᆞᆷ으로견ᄃᆡ지못ᄒᆞ야목ᄆᆡ여죽으니라유다가써ᄂᆞᆫ후에그놉흔제ᄉᆞ쟝들이그은을집어셔밧출삿스니뎜한의밧치라그밧츤제ᄉᆡ골셔나예루살넴에왓다가ᄀᆡᆨᄉᆞᄒᆞᆫ신데를영장ᄒᆞᄂᆞᆫ곳시되니라군ᄉᆞ들이예수를희롱ᄒᆞᆫ후에ᄌᆞ쥬빗옷슬벗기고이젼의복을닙히고못박으려갈시아모사ᄅᆞᆷ이라도못박히려갈ᄯᅢ십ᄌᆞ가를지고가ᄂᆞᆫ법이라예수ᄂᆞᆫᄆᆡ맛고샹ᄒᆞᆫ후에긔운이약ᄒᆞ매십ᄌᆞ가를혼자질수가업ᄂᆞᆫ고로군ᄉᆞ들이길에싀골셔오ᄂᆞᆫ시몬이라ᄒᆞᄂᆞᆫ사ᄅᆞᆷ을맛나셔예수를도아십ᄌᆞ가를가져가게ᄒᆞ니라군ᄉᆞ들이예루살넴에셔갓가온갈와리아라ᄒᆞᄂᆞᆫ곳세예수를못박으려고ᄯᅳ리고왓ᄉᆞ니예수ᄂᆞᆫ맛당히못박을죄가업것마ᄂᆞᆫ그사ᄅᆞᆷ들이큰못스로십ᄌᆞ가에예수를손과발에못박을ᄯᅢ에예수가ᄎᆞᆷ고견ᄃᆡ여하ᄂᆞ님ᄭᅴ그사ᄅᆞᆷ들은형벌ᄒᆞᆷ을쳥ᄒᆞ시지안코도로혀그사ᄅᆞᆷ들위ᄒᆞ야하ᄂᆞ님ᄭᅴ긔도ᄒᆞ야ᄀᆞᆯᄋᆞ샤ᄃᆡ아바지여뎌사ᄅᆞᆷ들이ᄒᆞᆯ바을아지못ᄒᆞ엿스매용셔ᄒᆞ여주옵쇼셔예수ᄉᆡᆼ각에그사ᄅᆞᆷ들이당신을죽이ᄂᆞᆫ거시엇더ᄒᆞᆫ큰죄가되고엇더ᄒᆞᆫ큰형벌를밧을줄알지못ᄒᆞᄂᆞᆫ연고ㅣ라그사ᄅᆞᆷ들이당신을죽인ᄯᅢ라도그사ᄅᆞᆷ들을해치아니ᄒᆞ시고ᄉᆞ랑ᄒᆞ고ᄎᆡᆨᄒᆞ고저ᄒᆞ시니라군ᄉᆞ들이예수를쵸에ᄡᅳᆯ기를ᄐᆞ셔마시우니이ᄂᆞᆫ졍신이업게ᄒᆞ야앏흠을알지못ᄒᆞ게ᄒᆞᆷ이러라그러나예수가우리가영원이형벌밧을거슬구속ᄒᆞ시려고그형벌을견ᄃᆡ시ᄂᆞᆫ고로그고로옴을덜ᄒᆞ기를원치아니ᄒᆞ샤쵸에ᄡᅳᆯ기ᄐᆞᆫ거슬맛보시고마

시지아니ᄒᆞ시더라그쌔두사ᄅᆞᆷ을예수와ᄒᆞᆫ가지못박을시ᄒᆞ나ᄒᆞᆫ올ᄒᆞᆫ편에셔못박고또ᄒᆞᆫ나ᄒᆞᆫ왼편에셔못박엇스니그두사ᄅᆞᆷ은도적질ᄒᆞᆫ죄로죽ᄂᆞᆫ사ᄅᆞᆷ들이라

뎨이십삼쟝 못박히ᄂᆞᆫ사ᄅᆞᆷ이즉시죽지아니ᄒᆞ고후여러시를사ᄂᆞᆫ지라그러므로예수가아ᄎᆞᆷ에못박힛스나오후ᄉᆞ지죽지아니ᄒᆞ시고그동안에십ᄌᆞ가에ᄃᆞᆯ니여ᄃᆞᆸ시고싱빗으시니라예수를못박은군ᄉᆞ들이아모사ᄅᆞᆷ이라도예수를손과발에못슬쎄여십ᄌᆞ가에셔ᄂᆞ리지못ᄒᆞ게직희더라예수의복을ᄒᆞᆫ조각식저희가ᄂᆞᆫ호고또속옷슬제비쎄여누가가질가보더라빌나도가글를써서예수머리우희십ᄌᆞ가에붓쳣스니그글에써시ᄃᆡ나살잇예수ᄂᆞᆫ유ᄃᆡ사ᄅᆞᆷ의님금이라ᄒᆞ엿더라예수못박힌곳시빅셩들왕

리ᄒᆞᄂᆞᆫ예루살념문에갓가온고로여러사ᄅᆞᆷ들이지나가며그글를보고예수를보며불샹히녁이지아니ᄒᆞ고도로허희롱ᄒᆞ며말ᄒᆞᄃᆡ예수가만일하ᄂᆞ님아ᄃᆞᆯ이면십ᄌᆞ가에셔ᄂᆞ려올지라그리ᄒᆞᆫ후에ᄂᆞᆫ우리가밋겟다ᄒᆞ더라예수가능히십ᄌᆞ가에셔ᄂᆞ려올수가잇스ᄃᆡ우리를위ᄒᆞ야십ᄌᆞ가에셔죽으시니라예수와ᄀᆞᆺ치못박힌도적ᄒᆞ나ᄒᆞᆫ예수ᄭᅦ악ᄒᆞᆫ게말ᄒᆞ고또ᄒᆞᆫ나ᄒᆞᆫ제죄를회기ᄒᆞ야예수ᄭᅦ용셔됨을청ᄒᆞᆫ거ᄂᆞᆯ예수가그회기ᄒᆞᆫ도적ᄃᆞ려닐ᄋᆞ시ᄃᆡ너죽은후에즉시나와ᄀᆞᆺ치됴ᄒᆞᆫ곳스로가리라ᄒᆞ시더라예수의어마니마리아가십ᄌᆞ가겻헤셧고또예수가ᄉᆞ랑ᄒᆞ시던뎨ᄌᆞ유월절잔치먹을쌔당신가슴을의지ᄒᆞ엿던뎨ᄌᆞ도거긔잇ᄂᆞᆫ지라예수가쟝ᄎᆞᆺ그어마니를ᄇᆞ리고죽으

실고로그대ᄌᆞ로ᄒᆞ여곰당신어마니ᄅᆞᆯ봉양ᄒᆞ게ᄒᆞ고저
ᄒᆞ샤요한ᄃᆞ려닐ᄋᆞ시ᄃᆡ나ㅣ가죽은후에내어마니를네
어마니ᄉᆞ랑ᄒᆞᆷ과ᄀᆞᆺ치ᄎᆞᆨᄒᆞ게섬기라ᄒᆞ고ᄯᅩ그어마니ᄃᆞ
려말ᄉᆞᆷᄒᆞ시ᄃᆡ요한을ᄎᆞᆷ당신아ᄃᆞᆯᄀᆞᆺ치ᄃᆡ접ᄒᆞ쇼셔ᄒᆞ시
니그ᄯᅢ브터요한이마리아ᄅᆞᆯ제집에ᄃᆞ리고가셔모든물
건을쓸ᄃᆡ잇ᄂᆞᆫ대로ᄃᆞ리더라예수가십ᄌᆞ가에계실ᄯᅢ밤
이아니로ᄃᆡ하ᄂᆞ님이세시동안히ᄉ빗엽셔어둡게ᄒᆞ셧
스니이거ᄉᆞᆫ당신아ᄃᆞᆯ을악ᄒᆞᆫ사ᄅᆞᆷ들이죽이ᄂᆞᆫ연고ㅣ라
예수가십ᄌᆞ가에셔큰소리로하ᄂᆞᆯ에계신당신아바지ᄭᅴ
쳥ᄒᆞ야ᄀᆞᆯᄋᆞ샤ᄃᆡ엇지ᄒᆞ야나ᄅᆞᆯ외면ᄒᆞ시ᄂᆞᆫ잇가ᄒᆞ시더
라우리가셰샹아바지ᄅᆞᆯ거역ᄒᆞᆯᄯᅢ우리ᄅᆞᆯ깃거아니ᄒᆞ샤
도라보지아니ᄒᆞ시ᄂᆞ니그와ᄀᆞᆺ치하ᄂᆞ님이그ᄯᅢ예수ᄅᆞᆯ

외면ᄒᆞ심을알지라예수가하ᄂᆞ님을거역ᄒᆞ지아니ᄒᆞ셧
것마ᄂᆞᆫ우리가여러번거역ᄒᆞ엿스매예수가그거스로써
당신몸에허물을삼으셧스니하ᄂᆞ님이예수가친히죄지
심ᄀᆞᆺ치녁이샤외면ᄒᆞ심이라예수가이거ᄉᆞᆯ보시고몸에
형벌당ᄒᆞᄂᆞᆫ것보다더큰십ᄒᆞ샤크게부르지지시거ᄂᆞᆯ십
ᄌᆞ가겻ᄒᆡ셧던ᄒᆞᆫ사ᄅᆞᆷ이ᄒᆡ융에초ᄅᆞᆯ적시여긴갈ᄃᆡ로에
수입에ᄃᆡ여그초ᄅᆞᆯ마시게ᄒᆞ거ᄂᆞᆯ예수가그초ᄅᆞᆯ마신후
에ᄀᆞᆯᄋᆞ샤ᄃᆡ이거시다닐우엇다ᄒᆞ시니그ᄯᅳᆺ은우리ᄅᆞᆯ위
ᄒᆞ야하ᄂᆞᆯ에셔ᄂᆞ려와밧으시ᄂᆞᆫ형벌과모든ᄒᆞ려오신일
이다되엿다ᄒᆞ심이라예수가머리ᄅᆞᆯ굽히시고긔절ᄒᆞ시
니라그ᄯᅡ히흔들니고바회가ᄭᆡ여지며여러무덤이열이
며ᄎᆞᆨᄒᆞᆫ사ᄅᆞᆷ들이무덤속에셔다시살아니러나셔예루살

넴에가셔여러사롬의게보이니라예수를못박던군ᄉᆞ들
이예수죽을새에이런신긔ᄒᆞᆫ일을보고두려워ᄒᆞ며ᄀᆞᆯᄋᆞ
되그사롬이과연하ᄂᆞ님아ᄃᆞᆯ이로다ᄒᆞ더라우리본바예
수못박힌곳시예루살넴가온대가아니오문밧갈외리아
라ᄒᆞᄂᆞᆫ싸히라그런고로셩안에잇ᄂᆞᆫ유대사롬들이예수
가죽은줄은알지못ᄒᆞᆫ고빌나도의게가셔청ᄒᆞ야ᄀᆞᆯᄋᆞ되
군ᄉᆞ를보내여예수와두도적을죽이여잇ᄒᆞᆫ날되기젼에
장ᄉᆞ지내게ᄒᆞ쇼셔ᄒᆞ니대개ᄭᅩ잇ᄒᆞᆫ날은례비일인연고
러라빌나도가유대사롬의청ᄒᆞᄂᆞᆫ대로군ᄉᆞ의게분부ᄒᆞ니
군ᄉᆞ들이가셔두도적의다리를부러치고예수ᄂᆞᆫ발셔죽
은고로다리를부러치지안코ᄒᆞᆫ군ᄉᆞ가창으로녑구리를
씨ᄅᆞ니피와물이나오더라예수못박힌곳세ᄒᆞᆫ동산이잇

복음요ᄉᆞ 뎨이십ᄉᆞ쟝 빅구

고그동산에장ᄉᆞ지내지아니ᄒᆞᆫ무덤이잇스니그무덤은
바회속에구멍을파ᄃᆞᆫ거시니아리마다야사롬부쟈요셉
의거시라요셉은예수뎨ᄌᆞ요예수를ᄉᆞ랑ᄒᆞᆫ되그젼에ᄂᆞᆫ
유대사롬이저를뮈워ᄒᆞ야해롭게ᄒᆞᆯ가두려워홈으로아
모도알지못ᄒᆞ게ᄒᆞ엿더니이새에예수죽은후에ᄂᆞᆫ숨기ᄂᆞᆫ
것업시빌나도의게가셔예수신톄를가져다가동산안에
잇ᄂᆞᆫ제가파둔새무덤에장ᄉᆞᄒᆞ기를청ᄒᆞ되빌나도ㅣ허
락ᄒᆞ거ᄂᆞᆯ요셉이십ᄌᆞ가에셔예수시톄를ᄂᆞ려셔가ᄂᆞᆫ모
시로싸셔무덤에두고큰돌를굴녀무덤문을막을시그새
두녀인이그것헤셔셔예수시톄를어듸두ᄂᆞᆫ거술보더라
그두녀인은일홈이마리아ㅣ니예수데ᄌᆞㅣ러라예수시
톄못치ᄂᆞᆫ거술보고집에도라가셔다음날을지내니그날

은[illegible]녀인들이대ᄇᆡ일다음날에향내나는
것과기름을가지고와셔유대사ᄅᆞᆷ장ᄉᆞ지내는법대로예
수시톄에ᄇᆞᄅᆞ려고작정ᄒᆞ엿더니예수를무덤에장ᄉᆞᄒᆞᆫ
후에엇던유대사ᄅᆞᆷ들이빌나도의게가셔말ᄒᆞ되예수말
이죽은후삼일만에다시살아나리라ᄒᆞ엿스니그대조들
이밤에그뫼에가셔예수시톄를도적ᄒᆞ여가지다가빅셩
의게예수가다시살엇다ᄒᆞᆯ가두려우니군ᄉᆞ를보내여그
뫼를직희기를쳥ᄒᆞᆫ듸빌나도가그말대로군ᄉᆞ를뫼에보
내여직힐서밤에군ᄉᆞ들셧던ᄯᅡ희크게진동ᄒᆞ며하ᄂᆞ님
이텬당으로조차텬ᄉᆞ를보내셧스니그텬ᄉᆞ가무덤에돌
을옴기고그우희안졋기늘얼골이번ᄀᆡ빗ᄀᆞᆺ고옷시눈ᄀᆞᆺ
치희더라그군ᄉᆞ들이담대ᄒᆞ야뎐쟝에셔는두려워ᄒᆞ지

아니ᄒᆞ엿스나그텬ᄉᆞ를보고미우두려워셔ᄯᅥ녀며저
죽은사ᄅᆞᆷᄀᆞᆺ치운동치못ᄒᆞ더라그다음날아ᄎᆞᆷ미우일죽
이두녀인과ᄯᅩ사로메라ᄒᆞᄂᆞᆫ다른녀인이향내나는것과
기름을가지고오며서로말ᄒᆞ되누가우리를위ᄒᆞ야무덤
문에돌을옴길고ᄒᆞ니대개그돌이미우크고무거온연고
러라ᄇᆞ라볼세무덤에돌이발셔옴긴거슬보고그녀인들
이무덤속에드러가보니흰의복닙은텬ᄉᆞ가잇는지라미
우두려워ᄒᆞ거늘그텬ᄉᆞ가말ᄒᆞ되두려워ᄒᆞ지마라너희
가못박혀죽은예수를ᄎᆞᆺᄂᆞᆫ줄아노라예수가여긔잇지아
니ᄒᆞ시고ᄌᆞ긔이젼에ᄒᆞ신말ᄉᆞᆷᄀᆞᆺ치다시살아나셧
스니와셔누엇던곳슬보고가셔그대조들의게예수가
죽엇다가니러낫ᄉᆞᆷ을닐으라ᄒᆞ거늘그녀인들이미우두

렵고ᄯᅩ깃거ᄒᆞ야급히무덤에셔ᄃᆞᄅᆞᆷ질ᄒᆞ야예수가니러
나셧슴을뎨ᄌᆞ들의게닐ᄋᆞ려고가다가예수를맛나발아
래엽ᄃᆡ어절ᄒᆞᆫᄃᆡ예수ㅣ닐너ᄀᆞᆯᄋᆞ샤ᄃᆡ두려워ᄒᆞ지말고
내뎨ᄌᆞ들의게가리리ᄯᅡ에가셔나를맛나리라닐ᄋᆞ라ᄒᆞ
시거늘그녀인들이예수말ᄉᆞᆷ대로뎨ᄌᆞ들의게와셔예수
가니러낫슴과ᄯᅩ저희맛낫슴을닐ᄋᆞᆫᄃᆡ그뎨ᄌᆞ들ᄉᆡᆼ각에
그녀인들이허탄ᄒᆞᆫ말을ᄒᆞᆫ다ᄒᆞ며밋지아니ᄒᆞ더니베드
로와요한두뎨ᄌᆞㅣ급히무덤에갈ᄉᆡ두사ᄅᆞᆷ이ᄀᆞᆺ치ᄃᆞᄅᆞᆷ
질ᄒᆞᆯᄉᆡ요한이몬져무덤에니ᄅᆞ러굽ᄒᆞ려예수쌋던모시
옷잇ᄂᆞᆫ거ᄉᆞᆯ보앗스ᄃᆡ드러가지아니ᄒᆞ더니베드로가
후에니ᄅᆞ러무덤에드러가모시옷과예수의머리쌋던슈
건을보니이거시모시옷과ᄒᆞᆫ가지잇지아니ᄒᆞ고ᄒᆞᆫ곳에

졉히여잇더라요한이ᄯᅩ무덤속에드러가예수업슴을예
고예수가죽음으로ᄇᆞᆯ미암아살으심을밋더라두뎨ᄌᆞ
ㅣ제집으로가니라예수가니러나신후에뫼에셔직희던
엇던군ᄉᆞ들이예루살넴놉ᄒᆞᆫ제ᄉᆞ장들의게도라와셔텬
ᄉᆞ가텬당으로ᄂᆞ려와돌을음김과예수가니러낫슴을닐
ᄋᆞᆫᄃᆡ그제ᄉᆞ장들이군ᄉᆞ들ᄃᆞ려닐ᄋᆞᄃᆡ이말을ᄇᆡᆨ셩의게
닐ᄋᆞ지말고너희가말ᄒᆞ기를잘동안에예수뎨ᄌᆞ들이와
셔예수신톄를도적ᄒᆞ여갓다ᄒᆞ라ᄒᆞ고군ᄉᆞ들ᄃᆞ려이거
즛말ᄒᆞ라ᄒᆞᆷ으로돈을만히주니라그제ᄉᆞ장들이이ᄀᆞᆺ치
ᄒᆞᆫ뜻은만일ᄇᆡᆨ셩들이예수가죽음으로ᄇᆞᆯ미암아다시살
엿슴을알면ᄒᆞᄂᆞᆫ님아ᄃᆞᆯ인줄을밋을가ᄒᆞ야ᄇᆡᆨ셩의게알
지못ᄒᆞ게ᄒᆞ고저ᄒᆞᆷ이러라군ᄉᆞ들이그돈을밧고그제ᄉᆞ

장들의닐은대로ᄒᆞᆫ지라그러므로그ᄯᅢ브터유대사ᄅᆞᆷ들이말ᄒᆞᄃᆡ예수가죽음으로말미암아다시살아나지아니ᄒᆞ엿다ᄒᆞ고군ᄉᆞ들잘동안에그뎨ᄌᆞ들이와셔예수신톄를도적ᄒᆞ여갓다ᄒᆞ더라

뎨이십ᄉᆞ장 예수이러나시던날에두뎨ᄌᆞ가예루살넴에셔이십오리되ᄂᆞᆫ임마오라ᄒᆞᄂᆞᆫ동네로갈시그일이엇지되엿슴을니야기ᄒᆞ더니그ᄯᅢ예수가사ᄅᆞᆷ들의게ᄀᆞᆺ가히오샤동ᄒᆡᆼᄒᆞ셧스나그얼골이변ᄒᆞ엿스매그뎨ᄌᆞ들이예수신줄을알지못ᄒᆞ고모로ᄂᆞᆫ사ᄅᆞᆷ인줄알엇더니그사ᄅᆞᆷ이뎨ᄌᆞ들ᄃᆞ려무ᄅᆞᄃᆡ엇지ᄒᆞ야그말을ᄒᆞ며슬픠ᄒᆞᄂᆞᆫ모양이잇ᄂᆞ뇨ᄒᆞ거ᄂᆞᆯᄒᆞᆫ뎨ᄌᆞ의일홈은그리오파ㅣ니ᄃᆡ답ᄒᆞ야ᄀᆞᆯᄋᆞᄃᆡ댁이예루살넴에처음오ᄂᆞᆫ손이니근일에잇ᄂᆞᆫ일을듯지못ᄒᆞ엿겟도다그사ᄅᆞᆷ이ᄀᆞᆯᄋᆞᄃᆡ무슨일이뇨뎨ᄌᆞㅣᄀᆞᆯᄋᆞᄃᆡ예수라ᄒᆞᄂᆞᆫ큰션지쟈가여긔와셔ᄇᆡᆨ셩을위ᄒᆞ야령젹을ᄒᆡᆼᄒᆞ더니유대법관과놉흔제ᄉᆞ장들이예수를잡아셔못박은지삼일만에우리게친ᄒᆞᆫ녀인이그뫼에ᄃᆞᆫ녀와셔말ᄒᆞᄃᆡ예수가거긔업고ᄒᆞᆫ텬ᄉᆞ의말이예수가다시살아낫다ᄒᆞ더라ᄒᆞ기로우리가놀낫노라ᄯᅩ우리두어사ᄅᆞᆷ이무덤에가셔그녀인의말과ᄀᆞᆺ치ᄎᆞ저보아도예수를보지못ᄒᆞ엿노라그두뎨ᄌᆞㅣ말ᄒᆞᆯᄯᅢ더희가고저ᄒᆞᄂᆞᆫ동네에갓가히온지라예수가두뎨ᄌᆞ를ᄯᅥ나셔더가려ᄒᆞ시거ᄂᆞᆯ그뎨ᄌᆞ들이그사ᄅᆞᆷ이ᄒᆡᆼ인인줄알고쳥ᄒᆞ야ᄀᆞᆯᄋᆞᄃᆡᄒᆡ가다가고져녁이갓가오니우리집에가셔오날밤을쉬라ᄒᆞᆫᄃᆡ예수ㅣ뎨ᄌᆞ들과ᄀᆞᆺ치그집에가시니져녁이

예비된지라예수져녁잡ᄉᆞ으실새셕을손에들고하ᄂᆞ님
ᄭᅴ감샤ᄒᆞᆫ후에셕을쎄여두뎨ᄌᆞ를주거ᄂᆞᆯ두뎨ᄌᆞㅣ눈이
즉시ᄇᆞᆰ아예수신줄알매예수ㅣ별안간에업스샤보이지
아니ᄒᆞᄂᆞᆫ지라두뎨ᄌᆞㅣ서로닐ᄋᆞ되길에셔우리로더부러
말ᄒᆞ고셩경을ᄇᆞᆰ힐새우리ᄆᆞ음이엇지ᄯᅳ겁지아니ᄒᆞ엿
ᄂᆞ뇨급히니러나셔예루살넴에와셔뎨ᄌᆞ들ᄃᆞ려뎌희가
예수를보앗슴과상에셔셕을쎄힐새예수신줄알엇슴을
닐을시홀연이예수가그가온ᄃᆡ섯ᄂᆞᆫ지라뎨ᄌᆞ들이예수
를보고령신인줄알고두려워ᄒᆞ거ᄂᆞᆯ예수ㅣ뎨ᄌᆞ들ᄃᆞ려무
ᄅᆞ시ᄃᆡ엇지두려워ᄒᆞᄂᆞ뇨령신은몸이업ᄂᆞ니나를ᄆᆞᆫ져
보라ᄒᆞ시고손과발에못박히엿던흔젹을뵈이시거ᄂᆞᆯ뎨
ᄌᆞ들이긔이히녁이고너무깃거워예수신줄밋기가어려

워ᄒᆞᆯ새예수가무슨음식이잇ᄂᆞᆫ가무ᄅᆞ시거ᄂᆞᆯ뎨ᄌᆞ들이
구은ᄉᆡᆼ선ᄒᆞᆫ조각과ᄭᅮᆯ을드리니예수ㅣ뎨ᄌᆞ들압헤셔잡ᄉᆞ
오시거ᄂᆞᆯ뎨ᄌᆞ들이그일을보고령신이아니오춤예수신
줄을알더라예수ㅣ뎨ᄌᆞ들로더부러당신이산ᄌᆞ가에셔
죽엇다가삼일만에다시살아오신연고ᄅᆞᆯ닐ᄋᆞ시니당신
이죽지아니ᄒᆞ엿스면우리죄가용셔됨을밧지못ᄒᆞᆷ이라
당신이우리죄로인ᄒᆞ야죽으신후에만일우리가죄ᄅᆞᆯ회
키ᄒᆞ고예수를밋으면하ᄂᆞ님이우리를용셔ᄒᆞ시기를즐
거ᄒᆞ시ᄂᆞ니라예수ㅣ이세상에잇ᄂᆞᆫ빅셩을위ᄒᆞ야죽으
신고로하ᄂᆞ님이빅셩을용셔ᄒᆞ심을즐기시ᄂᆞ니그런고
로예수가빅셩으로당신이죽으심을알게ᄒᆞ고져ᄒᆞ시매
그뎨ᄌᆞ들이그일을위ᄒᆞ야가셔증거ᄒᆞᆯ지라이스라엘에

잇ᄂᆞᆫ유대사ᄅᆞᆷ들ᄃᆞ려만닐을쥰이아니오원셰샹에잇ᄂᆞᆫ
ᄇᆡᆨ셩의게닐울거시니누구던지제죄를회기ᄒᆞ고예수를
밋고ᄉᆞ랑ᄒᆞ면그뎨ᄌᆞ가셰례를줄지라예수말슴이나를
밋고셰례맛은사ᄅᆞᆷ들은죽은후에텬당에올나가려니와
나를셤기지아니ᄒᆞ고제구세쥬를삼지아니ᄒᆞᄂᆞᆫ사ᄅᆞᆷ들
은영원히텬당에오지못ᄒᆞ리라ᄒᆞ시니라도마라ᄒᆞᄂᆞᆫ뎨
ᄌᆞᄂᆞᆫ예수오셧슬ᄯᅢ다른뎨ᄌᆞ와ᄀᆞᆺ치잇지아니ᄒᆞᆫ지라그
후에여러뎨ᄌᆞㅣ도마ᄃᆞ려예수뵈엿슴을닐은ᄃᆡ도마ㅣ
밋지아니ᄒᆞ야ᄀᆞᆯᄋᆞᄃᆡ내가친히예수손에못박힌흔적을
보고창쎨인곳슬ᄆᆞᆫ지지아니ᄒᆞ면밋지아니ᄒᆞ리라ᄒᆞ더
니여ᄃᆞᆲ날후에그뎨ᄌᆞ들이ᄒᆞᆫ방에모혀문을닷고잇슬ᄯᅢ
도마도ᄯᅩᄒᆞᆫ거긔왓더니예수ㅣ젼과ᄀᆞᆺ치오샤 그가온대
셔ᄂᆞᆫ지라그ᄯᅢ예수가도마ᄒᆞ던말을알으시고ᄀᆞᆯᄋᆞ샤ᄃᆡ
네손가락을펴셔내손의흔적을ᄆᆞᆫ지고네손을펴셔내녑
구리샹ᄒᆞᆫ곳슬ᄆᆞᆫ지고내죽음으로말ᄆᆡ암아다시산줄을
의심치말고밋으라ᄒᆞ시거ᄂᆞᆯ도마가말소리를듯고예수
신줄알고ᄀᆞᆯᄋᆞᄃᆡ나의쥬요ᄯᅩ나의하ᄂᆞ님이라ᄒᆞ더라도
마가예수ᄃᆞ려그리케닐ᄏᆞᆺᄂᆞᆫ뜻슨예수ᄂᆞᆫ하ᄂᆞ님이시오
하ᄂᆞᆯ에계신당신아바지가하ᄂᆞ님이시오셩신이ᄯᅩ하ᄂᆞ
님이시니셰위가ᄒᆞᆫ하ᄂᆞ님이시라하ᄂᆞ님이셰히아니시
오셰위가합ᄒᆞ야ᄒᆞᆫ하ᄂᆞ님이시니라이뜻슬우리가ᄌᆞ
셰히알어듯지못ᄒᆞᄂᆞ니마치ᄒᆞᆫ아바지가아ᄃᆞᆯ의게아지
못ᄒᆞᄂᆞᆫ거슬여러번ᄀᆞᄅᆞ치시ᄂᆞ니아바지ᄂᆞᆫ그거슬ᄌᆞ셰
히알아도아ᄃᆞᆯ은알아듯지못ᄒᆞᆫ것마ᄂᆞᆫ아바지가그거슬

ᄀᆞᄅᆞ치신고로아ᄃᆞᆯ이그말ᄉᆞᆷ을밋ᄂᆞ니아바지가말ᄉᆞᆷᄒᆞ시ᄃᆡ네가쟝셩ᄒᆞᆫᄯᅢ그거ᄉᆞᆯᄌᆞ셰히알어드ᄅᆞ리라ᄒᆞᄂᆞ니이와ᄀᆞᆺ치하ᄂᆞ님이당신을위ᄒᆞ야우리가알어듯지못ᄒᆞᄂᆞᆫ여러거ᄉᆞᆯ셩경에닐ᄋᆞ셧거ᄂᆞᆯ하ᄂᆞ님이우리게ᄀᆞᄅᆞ치신고로우리가맛당히밋을거시오ᄯᅩ우리죽은후에하ᄂᆞ님게신곳에갈ᄯᅢ이셰샹에잇ᄉᆞᆯᄯᅢ보다더잘알어드ᄅᆞ리라우리가보지못ᄒᆞ고ᄯᅩ알지못ᄒᆞᄂᆞᆫ거ᄉᆞᆯ하ᄂᆞ님이우리게ᄀᆞᄅᆞ치신ᄯᅢ문에밋으면그거시밋ᄂᆞᆫ거시라하ᄂᆞ님이우리가밋기를원ᄒᆞ시거ᄂᆞᆯ도마ᄂᆞᆫ밋음이업셔예수를보기젼에예수가죽음으로말미암아다시살으심을밋지아니ᄒᆞ니예수가도마ᄃᆞ려닐ᄋᆞ시ᄃᆡ보지아니ᄒᆞ고도이거ᄉᆞᆯ밋ᄂᆞᆫ사ᄅᆞᆷ이하ᄂᆞ님을즐겁게ᄒᆞᄂᆞ니라ᄒᆞ시더라그후에배드

로와ᄯᅩ뎨ᄌᆞ네사ᄅᆞᆷ이가리리바다ᄀᆞ헤모히여배드로가ᄀᆞᆯᄋᆞᄃᆡ나ᄂᆞᆫ고기잡으러가노라ᄒᆞ거ᄂᆞᆯ다른뎨ᄌᆞ들이ᄀᆞᆯᄋᆞᄃᆡ우리도너와ᄀᆞᆺ치가리라ᄒᆞ고비를ᄐᆞ고그믈을물에너어밤시도록그믈질ᄒᆞᄃᆡ싱션을잡지못ᄒᆞᆫ지라아ᄎᆞᆷ이되매예수ㅣ히변에셧시ᄃᆡ뎨ᄌᆞ들은보고알지못ᄒᆞ엿더니예수무ᄅᆞ시ᄃᆡ싱션을잡앗ᄂᆞ뇨ᄒᆞ거ᄂᆞᆯ뎨ᄌᆞㅣᄃᆡ답ᄒᆞᄃᆡ잡지못ᄒᆞ엿노라예수ㅣᄀᆞᆯᄋᆞ샤ᄃᆡ그믈을비올흔편에너ᄒᆞ면싱션을잡으리라ᄒᆞ거ᄂᆞᆯ뎨ᄌᆞ들이그말ᄃᆡ로ᄒᆞ엿더니싱션이엇더케만히들엇ᄂᆞᆫ지그믈을ᄭᅳ어낼수가업ᄂᆞᆫ지라뎨ᄌᆞ들이이령적을보고ᄒᆞᆫ뎨ᄌᆞㅣᄀᆞᆯᄋᆞᄃᆡ이가쥬로다ᄒᆞ거ᄂᆞᆯ베드로ㅣ싱션잡ᄂᆞᆫ옷슬닙고히변에급히가고저ᄒᆞ야바다에ᄯᅱ여가고ᄯᅩ다른뎨ᄌᆞ들은비를노질ᄒᆞ야

싱션이마득ᄒᆞᆫ그물을ᄭᅳ을고니ᄅᆞ니그곳에숫불이잇고
그우희싱션과ᄯᅥᆨ이잇ᄂᆞᆫ지라예수ㅣ골ᄋᆞ샤ᄃᆡ잡은싱션
을조곰가져오라ᄒᆞ시거ᄂᆞᆯ베드로가가셔그물을ᄭᅳ으러
히변에올니키니큰싱션들이마득ᄒᆞ야그그물에일ᄇᆡᆨ오
십삼미가들엇스ᄃᆡ그물이샹ᄒᆞ지아니ᄒᆞ엿더라예수가
뎨ᄌᆞ들ᄃᆞ려말ᄉᆞᆷᄒᆞ시ᄃᆡ와셔먹으라ᄒᆞ시고ᄯᅥᆨ파싱션을
주신ᄃᆡᄒᆞᆫ뎨ᄌᆞ도예수ᄃᆞ려뉘시뇨감히뭇지못ᄒᆞᆷ은이곳
쥬신줄을아ᄂᆞᆫ연고ㅣ러라이거시예수죽엇다가다시살으신
후에셰번재ᄲᅢ이신거시라ᄯᅩ그후ᄒᆞᆫᄯᅢ오ᄇᆡᆨ여명문도들
의게나타내여뵈이시고ᄯᅩᄒᆞᆫᄯᅢ뎨ᄌᆞ들이예수를가리리
에잇ᄂᆞᆫ산에셔뵈이니이곳은예수가젼에말ᄉᆞᆷᄒᆞ시ᄃᆡ뎨
ᄌᆞ들을여긔와셔맛나리라ᄒᆞ신곳시라뎨ᄌᆞ들이예수를

보고절ᄒᆞᆫᄃᆡ예수ㅣ골ᄋᆞ샤ᄃᆡ너희들이가셔모든나라에잇
ᄂᆞᆫᄇᆡᆨ셩을ᄀᆞᄅᆞ쳐나의뎨ᄌᆞ가되게ᄒᆞ야나의말을좃게ᄒᆞ
라ᄯᅩ골ᄋᆞ샤ᄃᆡ나를ᄉᆞ랑ᄒᆞ고슌죵ᄒᆞᆫ겟다ᄒᆞᄂᆞᆫᄇᆡᆨ셩을셰
례를주라ᄒᆞ시니그뎨ᄌᆞ들이셩부와셩ᄌᆞ와셩신의일홈
으로셰례를줄지라이일홈으로셰례를주ᄂᆞᆫ뜻슨하ᄂᆞ님
을우리가하ᄂᆞᆯ에계신아바지로ᄉᆞ랑ᄒᆞ야셤기고예수를
우리구셰쥬로ᄉᆞ랑ᄒᆞ야셤기고셩신은우리ᄆᆞ음에와셔
하ᄂᆞ님이우리ᄒᆞ기를원ᄒᆞᄂᆞᆫ거ᄉᆞᆯᄀᆞᄅᆞ치ᄂᆞᆫ션싱으로ᄉᆞ
랑ᄒᆞ야셤기라ᄒᆞᄂᆞᆫ표ㅣ니라예수다시살으신ᄯᅢ브터ᄉᆞ
십일후에예루살넴뎨ᄌᆞ들의게ᄯᅩ오샤닐너골ᄋᆞ샤ᄃᆡ너
희맛당히하ᄂᆞ님이텬당으로셔셩신을보내시도록예루
살넴에셔머물나ᄒᆞ시더라우리가본바예수가뎨ᄌᆞ들로

더부러유월졀잔치잡ᄉᆞ오실새말ᄉᆞᆷᄒᆞ시되당신이텬당으로올나가신후에하ᄂᆞ님이셩신을보내시리라ᄒᆞ셧ᄂᆞ니이때에예수가텬당으로가시ᄂᆞ니하ᄂᆞ님이쟝ᄎᆞᆺ뎨ᄌᆞ들의게셩신을보내시리라셩신이항샹뎨ᄌᆞ들과ᄀᆞᆺ치잇서셔예수의닐ᄋᆞ신거슬긔억ᄒᆞ게ᄒᆞ고빅셩들을ᄀᆞᄅᆞ칠거슬ᄀᆞᄅᆞ치시ᄂᆞ니라예수가뎨ᄌᆞ들과ᄀᆞᆺ치말ᄉᆞᆷᄒᆞ신후에뎨ᄌᆞ들을ᄃᆞ리고예루살넴에나와배다니동네에니르러예수가손을들어뎨ᄌᆞ들을위ᄒᆞ야복을빌새에하ᄂᆞᆯ에올나가실시구름이둘니니뎨ᄌᆞ들이다시예수를볼수업더라뎨ᄌᆞ들이예수를쳐볼새두텬ᄉᆞ가흰옷스로ᄂᆞ려와셔말ᄉᆞᆷᄒᆞ되예수ㅣ구름을ᄐᆞ고텬당에올나가셧스나후에ᄯᅩ구름을ᄐᆞ고다시ᄂᆞ려오시리라ᄒᆞ더라우리가이복음

요ᄉᆞ를보니복음이라ᄒᆞᄂᆞᆫ거ᄉᆞᆫ우리를ᄉᆞ랑ᄒᆞ시ᄂᆞᆫ예수가텬당에셔ᄂᆞ려오샤우리죄를엽게ᄒᆞ고우리대가죽은후에형벌밧을거ᄉᆞᆯ구쇽ᄒᆞᆫ신거시니이거시복된쇼문이라우리가본바예수가어린ᄋᆞ히로벳니헴마구간에셔나샤쟝셩ᄒᆞ도록나살윗에셔그어마니마리아와ᄀᆞᆺ치살으시니라요로단강에셔요한의게세례밧고들에셔사탄의게유인홈을당ᄒᆞ엿더니그후에두루ᄃᆞᆫ니며빅셩의게착ᄒᆞᆫ일을ᄒᆞ시고빅셩이저희죄를회ᄀᆡᄒᆞ야당신을ᄉᆞ랑ᄒᆞ고좃츠라고ᄀᆞᄅᆞ치시고그빅셩과우리를위ᄒᆞ야십ᄌᆞ가에셔못박히고무덤에뭇치엿다가삼일마에다시살으셧스니우리를위ᄒᆞ야텬당에셔ᄂᆞ려오신일을다못ᄎᆞ시고전에계시던텬당으로다시올나가샤하ᄂᆞ님것헤안ᄌᆞ샤모

ᄃᆞᆫ남녀노쇼밋ᄂᆞᆫ사ᄅᆞᆷ들을ᄂᆞ려다보샤ᄒᆞᆼ샹그사ᄅᆞᆷ들을니져ᄇᆞ리지아니ᄒᆞ시ᄂᆞᆫ고로그사ᄅᆞᆷᄃᆞᆯ이겁날거시업ᄂᆞ니라그사ᄅᆞᆷ들이예수의게빌새예수ㅣᄃᆞ르시고샤탄이그사ᄅᆞᆷ들을해ᄒᆞ지못ᄒᆞ게ᄒᆞ시고ᄯᅩ올흔일을ᄒᆞ게도으시ᄂᆞ니라언약을니저ᄇᆞ리고그른일을ᄒᆞᆯ새죄를회ᄀᆡᄒᆞ면예수가하ᄂᆞ님ᄭᅴ용셔됨을쳥ᄒᆞ시ᄂᆞ니라예수이세샹예다시ᄂᆞ려오시리니십ᄌᆞ가에고싱ᄒᆞ시고죽으려오심이아니오모든텬ᄉᆞᄃᆞᆯ을ᄯᅳ리시고영화로ᄂᆞ려오시리라우리본바예수가심판ᄒᆞᄂᆞᆫ날에모든사ᄅᆞᆷ보ᄂᆞᆫ보좌에안즈시고죽엇던사ᄅᆞᆷ이다니러나셔그압헤셔셔예수로ᄒᆞ야곰심판ᄒᆞᆯ시예수가장ᄎᆞᆺ그ᄇᆡᆨ셩들을두무리에ᄂᆞᆫ호아ᄒᆞᆫ무리ᄂᆞᆫ올흔편에셔울거시니이ᄂᆞᆫ올흔ᄇᆡᆨ셩들이오ᄯᅩᄒᆞᆫ무리ᄂᆞᆫ왼편에셔울거시니이ᄂᆞᆫ악ᄒᆞᆫᄇᆡᆨ셩들이라그후에예수ㅣ장ᄎᆞᆺ악ᄒᆞᆫᄇᆡᆨ셩들은형벌밧을곳스로보내시고착ᄒᆞᆫᄇᆡᆨ셩들은텬당으로ᄃᆞ려다가하ᄂᆞ님과예수와텬ᄉᆞ들과영원이ᄒᆞᆷᄭᅴ잇스리라

福音要史 복음요ᄉᆞ

한국기독교 140주년 기념

발행일 : 2025.10.02
저 자 : 존 로스(John Ross)
발행인 : 윤영수
발행처 : 한국학자료원
주 소 : 은평구 연서로37길 40-1
전 화 : 02)3159-8050
팩 스 : 02)3159-8051
문 의 : 010-4799-9729
등록번호 : 제312-1999-074호
ISBN 979-11-7417-055-2 (93230)

정가 150,000원